2年 実力アップ かん字れんしゅうノート

特別《とくべつ》ふろく

教科書《きょうかしょ》の順《じゅん》に練習《れんしゅう》できる！

東京書籍版 完全準拠

年	組	名前

「かん字れんしゅうノート」はとりはずして使用できます。

もくじ

かん字れんしゅうノート

東京書籍版 国語 2年

この 本の つかい方《かた》

- ✪教科書《きょうかしょ》に　出て　くる　かん字を、たんげんごとに　れんしゅうしましょう。
- ✪２年生で　学しゅうする　かん字　160字を、すべて　しゅつだいして　います。
- ✪すべての　かん字を、正しく　書《か》けるように　なれば、ごうかくです。

風の　ゆうびんやさん

だい 1 回《かい》

/11もん

☆ □に　かん字を　かきましょう。〔　〕には、かん字と　ひらがなを　かきましょう。
（☆は、あたらしい　かん字を　つかった　べつの　ことばです。）

① □《かぜ》が　強《つよ》い。

② □□《げんき》に　くらす。

③ はがきを　〔　　〕《よむ》。

④ おかあさんが　〔　　〕《いう》。

⑤ みどりの　□《こ》かげ。

⑥ ぎんいろに　〔　　〕《ひかる》。

⑦ どんな　お□《はなし》か　たしかめる。

⑧ おはなしを　□□《おんどく》する。

⑨ □《まる》や　てんに　気を　つけて　よむ。

⑩ □《こえ》を　出す。

⑪☆ かんがえた　ことを　〔　　〕《はなす》。

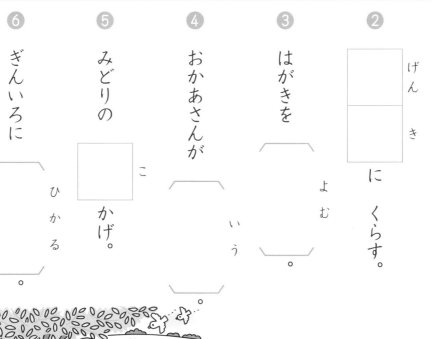

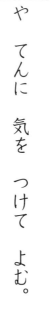

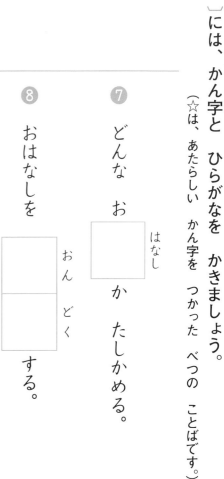

かん字を　つかおう　1

/13もん

だい 2 回《かい》

☆ □に　かん字を　かきましょう。〔　〕には、かん字と　ひらがなを　かきましょう。

❶ □《か》だんに　たねを　まく。

❷ こん□《ちゅう》の　本を　見る。

❸ □□□《いち　にち　じゅう》雨が　ふる。

❹ 〔　〕《あき》ばこを　あつめる。

❺ 月の　□《ひかり》。

❻ □□《お　がわ》で　あそぶ。

❼ びんを　□□《じょう　げ》に　ふる。

❽ さか道《みち》を　〔　〕《のぼる》。

❾ □《くさ》が　生える。

❿ 家《いえ》の　□《なか》に　〔　〕《はいる》。

⓫ 赤い　□《いと》。

⓬ ピアノの　□《おと》。

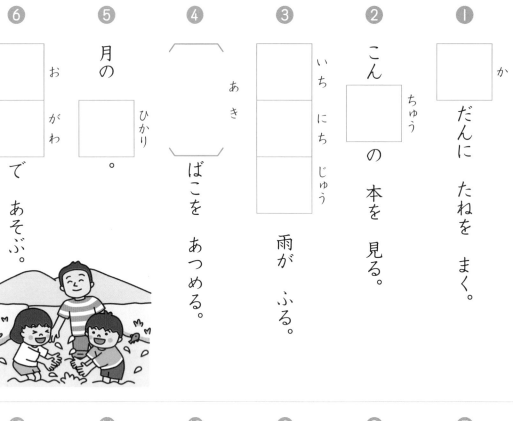

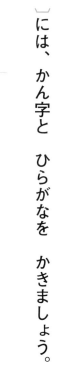

としょかんへ　行こう
かん字の　書き方
はたらく　人に　話を　聞こう

/14もん

だい3回《かい》

☆□に　かん字を　かきましょう。〔　〕には、かん字と　ひらがなを　かきましょう。

としょかんへ　行こう

❶ としょかんへ〔　〕《いく》。

❷ ケーキを〔　〕《わける》。

❸ どくしょの□《き》ろく。

かん字の　書き方

❹ □《てん》の〔　〕《かきかた》。

❺ □□《どくしょ》カードを〔　〕《つくる》。

❻ □《せん》の□《かず》を　かぞえる。

❼ □□《かくすう》を　かぞえる。

はたらく　人に　話を　聞こう

❽ 話を〔　〕《きく》。

❾ 答《こた》えが□《なに》か、〔　〕《かんがえる》。

❿ これは□《なん》ですか。

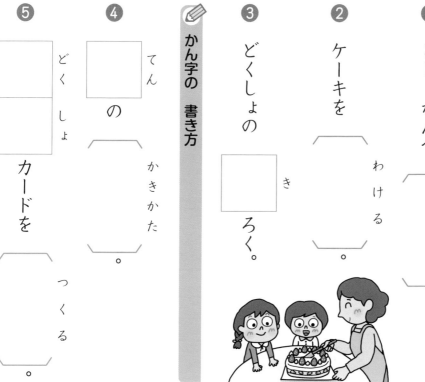

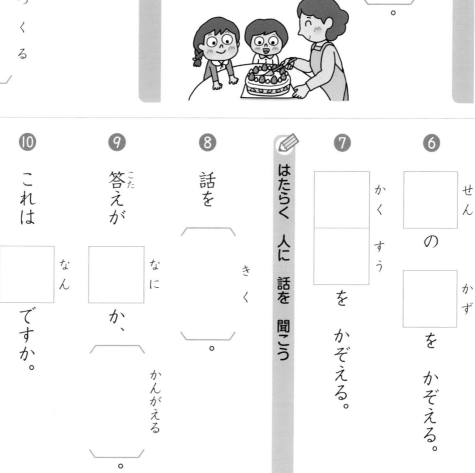

たんぽぽ
かん字を　つかおう　2　(1)

/13もん

だい 4 回《かい》

☆ □に かん字を 書きましょう。〔　〕には、かん字と ひらがなを 書きましょう。

たんぽぽ

1 □《よる》の □《あいだ》は、花が とじる。

2 小さな 花を 〔　　〕《かぞえる》。

3 犬が 〔　　〕《おおい》。

4 花が 〔　　〕《すくない》。

5 わた□《げ》に 風が 〔　　〕《あたる》。

かん字を　つかおう　2　(1)

6 □□□《せいかつか》の □□《じかん》。

7 □《とき》を あらわす ことば。

8 友《とも》だちが 〔　　〕《くる》。

9 □□《らいげつ》は、うんどう会《かい》が ある。

10 □《もん／も》□《じ》を ていねいに 書く。

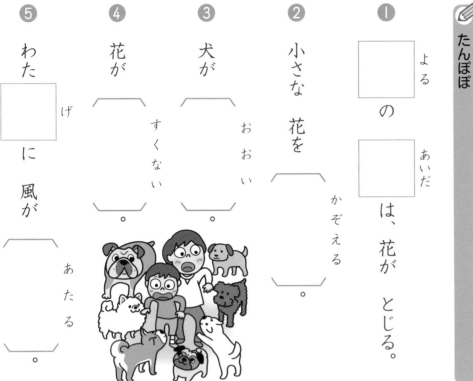

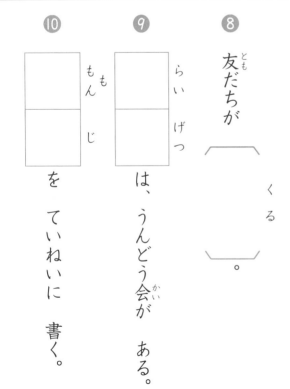

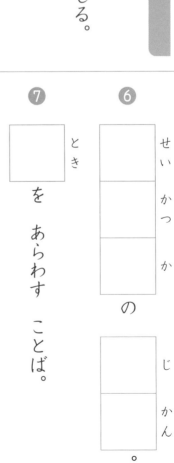

かん字を　つかおう　2　(2)
かんさつした　ことを　書こう

/11もん　だい 5 回《かい》

☆ □に　かん字を　書きましょう。〔　〕には、かん字と　ひらがなを　書きましょう。

かん字を　つかおう　2　(2)

1 お□□《しょうがつ》の　あそび。

2 □□《せいもん》から　入る。

3 □□《じょし》と　□□《だんし》。

4 □□《にんげん》と　犬は　なかが　よい。

5 □□《せんせい》と　話す。

6 □□《にねん》　三組《くみ》。

7 〔　　〕《ただしい》　ひつじゅんで　書く。

かんさつした　ことを　書こう

8 みの　〔　　〕《まわり》　の　もの。

9 むねくらいの　〔　　〕《たかさ》　に　なる。

10 □□《きいろ》の　花が　さく。

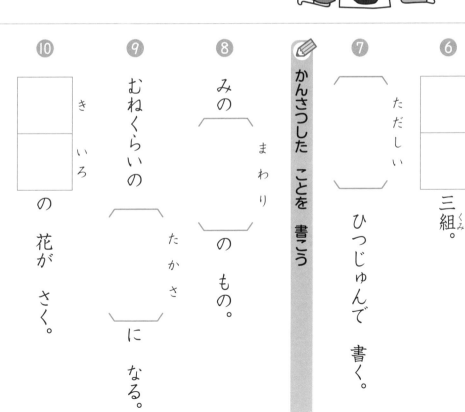

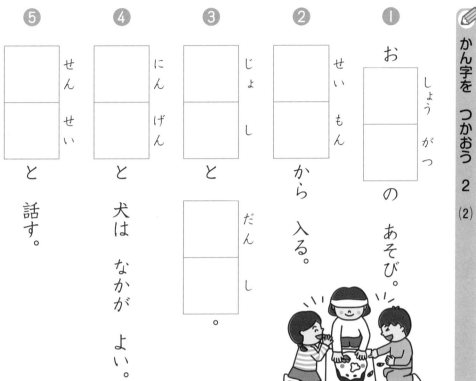

かたかなで　書く　ことば
名前を　見て　ちょうだい　(1)

だい6回《かい》　/9もん

☆ □に　かん字を　書きましょう。

かたかなで　書く　ことば

1. □□《がいこく》から　来た　ことば。
2. □□《ちめい》を　しらべる。
3. 人の　□□《なまえ》。
4. □□《ひとり》で　おつかいに　行く。
5. □□《ふたり》で　力を　合《あ》わせる。

名前を　見て　ちょうだい　(1)

6. □□《おとな》に　そうだんする。
7. □□《のはら》を　かける。
8. あっちの　□《ほう》に　とんで　いく。
9. □《あたま》を　ゆびさす。

名前を 見て ちょうだい (2)

/12もん

だい7回《かい》

☆ □に かん字を 書きましょう。〔　〕には、かん字と ひらがなを 書きましょう。

1. すまして 〔　　〕《こたえる》。
2. □□《ほんとう》の ことを 言う。
3. 一ぴきの □《うし》。
4. 上から 見〔　　〕《おろす》。
5. あっという □《ま》に たべる。
6. 湯《ゆ》□《げ》が 立つ。

7. きれいな □□《くうき》。
8. □《ふう》せんが しぼむ。
9. □《もと》の 大きさに もどる。
10. すきな □《ば》めんを 見つける。
11. きつねに 〔　　〕《あう》。
12. おもしろいと 〔　　〕《おもう》。

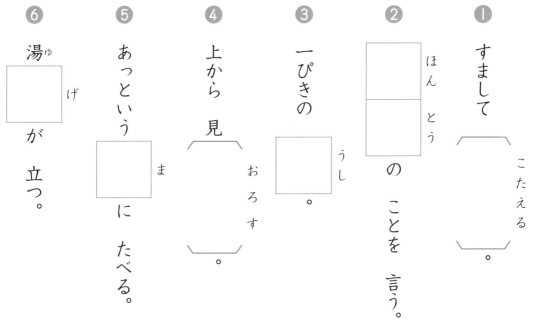

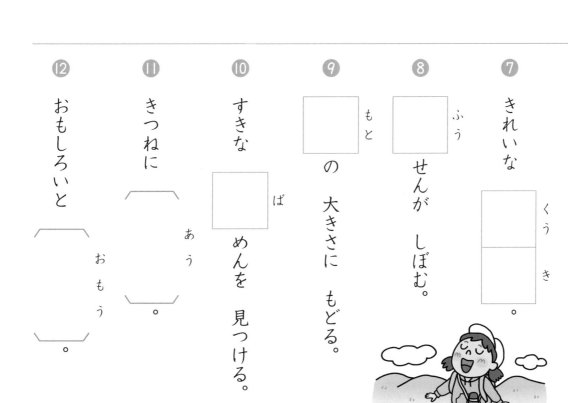

かん字を つかおう 3 (1)

/12もん

だい 8 回《かい》

☆ □に かん字を 書きましょう。〔 〕には、かん字と ひらがなを 書きましょう。

① □《いま》から 出かける。

② □□《かいしゃ》で はたらく。

③ 工場《こうじょう》を □□《けんがく》する。

④ □《おや》に プリントを みせる。

⑤ 二人は 〔 〕《したしい》。

⑥ □《とも》だちと あそぶ。

⑦ □□《きゅうじつ》の よてい。

⑧ 六時を すぎても まだ 〔 〕《あかるい》。

⑨ せつ□《めい》文を 読む。

⑩ むかしの 人の □□《めいげん》。

⑪ ひとり□《ごと》を つぶやく。

⑫ ぜんぶで いくらか □□《けいさん》する。

かん字を つかおう 3 (2)
じょうほうの とびら じゅんじょ
こんな ことを して いるよ／話そう、二年生の わたし

/9もん

だい 9 回《かい》

☆ □に かん字を 書きましょう。〔 〕には、かん字と ひらがなを 書きましょう。

かん字を つかおう 3 (2)

1 □《かい》が 入った おみそしる。

じょうほうの とびら じゅんじょ

2 □《なま》たまごを わる。

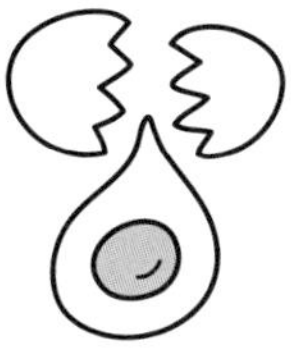

こんな ことを して いるよ

3 文しょうの 〔 〕《くみ》立て。

4 □《いえ》で てつだいを する。

5 □《じ》□《ぶん》の 気もち。

話そう、二年生の わたし

6 十□《ぎょう》の 文しょう。

7 □《こころ》に のこった できごと。

8 ぶらんこの こぎ方を 〔 〕《おしえる》。

9 玉子やきの 作り方を 〔 〕《おそわる》。

どうぶつ園の　かんばんと　ガイドブック

/12もん

だい10回《かい》

☆ □に　かん字を　書きましょう。〔　〕には、かん字と　ひらがなを　書きましょう。（☆は、あたらしい　かん字を　つかった　べつの　ことばです。）

① どうぶつ□《えん》に　行く。

② もっと〔　　〕《しりたい》。

③ □《からだ》の　大きさ。

④ 〔　　〕《ながい》はな。

⑤ 〔　　〕《ふとい》あし。

⑥ アフリカの　□□《そうげん》。

⑦ □□《しんりん》に　すむ。

⑧ おんどを　〔　　〕《さげる》。

⑨ きん□《にく》で　できた　ゾウの　はな。

⑩ 〔　　〕《おなじ》ところを　さがす。

⑪☆ ようち□《えん》の　先生。

⑫☆ きょうは　やき□《にく》だ。

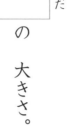

みんなで　話し合おう
ニャーゴ　(1)

/9もん

だい11回《かい》

☆ □に　かん字を　書きましょう。〔　〕には、かん字と　ひらがなを　書きましょう。

みんなで　話し合おう

❶ みんなで　話し〔　〕《あう》。

❷ □《だい》すきな　場めん。

❸ 〔　〕《たのしい》お話。

❹ □《ゆき》だるまを　作る。

ニャーゴ　(1)

❺ ねこの　□《かお》。

❻ ねずみが　ねこに　〔　〕《たべられる》。

❼ □□《いっしょう》けんめい　話を　聞く。

❽ 子ねずみたちが　〔　〕《あるき》だす。

❾ 〔　〕《すこし》赤く　なる。

ニャーゴ (2)
かん字を つかおう 4 (1)

/11もん

だい12回《かい》

☆ □に かん字を 書きましょう。〔 〕には、かん字と ひらがなを 書きましょう。

ニャーゴ (2)

❶ □□《きょう》は ついて いる。

❷ ももの 木の 方へ 〔 〕《はしる》。

❸ ぴたっと 〔 〕《とまる》。

❹ ねこが ねずみを 〔 〕《くう》。

❺ □《おとうと》と □《いもうと》。

かん字を つかおう 4 (1)

❻ 一つで 〔 〕《たりる》。

❼ □□《にまん》円 はらう。

❽ 時間を 〔 〕《はかる》。

❾ □《や》さいを そだてる。

❿ □□《たいせつ》な 話。

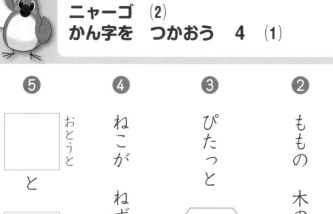

かん字を つかおう 4 (2)
絵を 見て お話を 書こう

/10もん

だい13回《かい》

☆ □に かん字を 書きましょう。〔 〕には、かん字と ひらがなを 書きましょう。

かん字を つかおう 4 (2)

① はかせは □□《てんさい》 だ。

② □□《うてん》 中止《し》。

③ きれいな □《あま》 の川。

④ □□□《がいこくご》 を 学《まな》ぶ。

⑤ □□《まるた》 で 犬ごやを 作る。

絵を 見て お話を 書こう

⑥ □《だい》 の 上に 立つ。

⑦ 〔　　〕《ちいさい》 はこ。

⑧ □《え》 を 見て そうぞうする。

⑨ そうぞうを 〔　　〕《ひろげる》。

⑩ □□《ちず》 を もって いく。

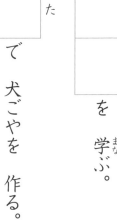

ビーバーの 大工事《じ》

/15もん

だい14回《かい》

☆ □に かん字を 書きましょう。〔　〕には、かん字と ひらがなを 書きましょう。

❶ □《こう》事《じ》で □《じ》ひびきが する。

❷ □《きた》アメリカの 森。

❸ 川に 〔　　〕《ちかよる》。

❹ □《うわ》あごの 歯《は》で ささえる。

❺ □□《だいく》さんが 木を 〔　　〕《きる》。

❻ 木を 〔　　〕《ひきずる》。

❼ □□《じょうず》に およぐ。

❽ 〔　　〕《うしろ》あしの □《かたち》。

❾ ビーバーの □《か》ぞく。

❿ □□《ごふん》間、水の なかに いる。

⓫ □□《よなか》まで つづける。

⓬ ダムの □《うち》がわ。

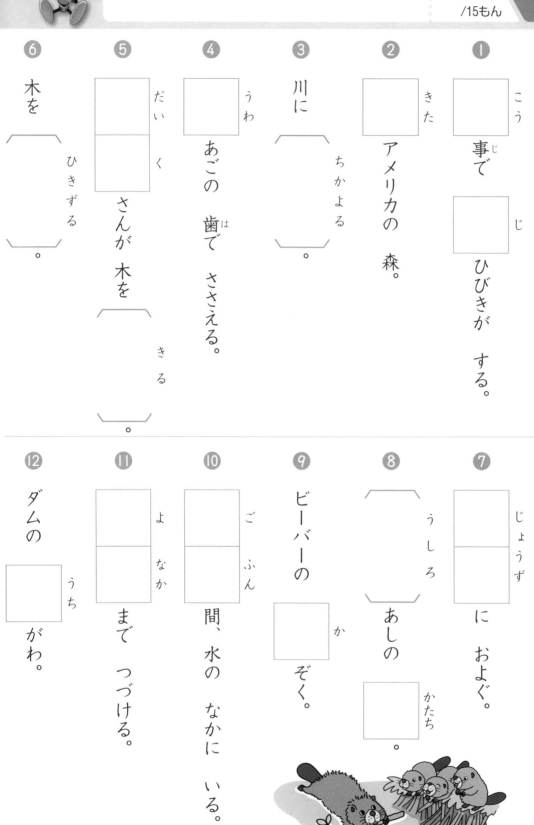

「どうぶつカード」を　作ろう
主《しゅ》語と　じゅつ語
町で　見つけた　ことを　話そう

/15もん

だい15回《かい》

☆ □に　かん字を　かきましょう。〔　〕には、かん字と　ひらがなを　かきましょう。

「どうぶつカード」を　作ろう

❶ □□《としょ》館《かん》に　ある　□《うみ》の　本。

❷ □《かい》ていの　すな。

❸ 〔　　〕《あたらしい》ちしき。

❹ 力が　〔　　〕《つよい》。

主《しゅ》語と　じゅつ語

❺ □《ふね》の　上で　鳥《とり》が　〔　　〕《なく》。

町で　見つけた　ことを　話そう

❻ □《くも》の　ない　〔　　〕《はれた》空。

❼ レストランの　□□《てんちょう》。

❽ □《ふゆ》の　□《あさ》。

❾ □《しゅう》に　三日。

❿ □□《いちば》の　中の　□《みせ》。

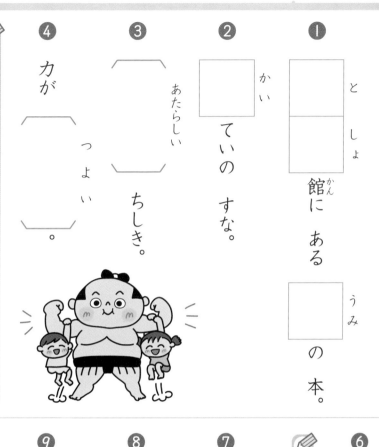

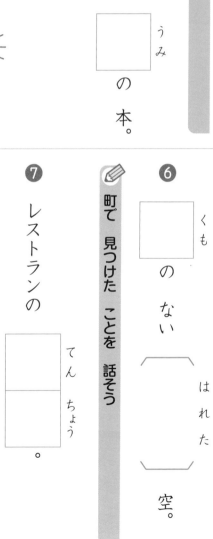

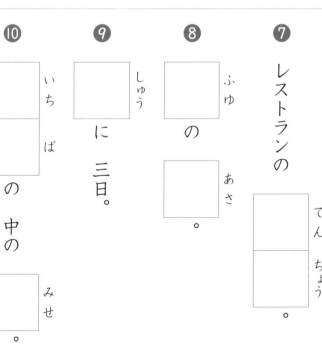

かたかなを つかおう 1
なかまに なる ことば (1)

/14もん

だい16回《かい》

☆ □に かん字を 書きましょう。

かたかなを つかおう 1

① □《ちゃ》□《いろ》い 犬。

② □《はる》に なる。

③ □《さん》□《かく》□《けい》の サンドイッチ。

なかまに なる ことば (1)

④ □《なつ》から □《あき》に なる。

⑤ □《ひがし》から □《にし》へ むかう。

⑥ □《みなみ》の 国《くに》の きれいな 海。

⑦ □《ちち》と □《はは》が ならぶ。

⑧ □《あに》は 中学生だ。

⑨ □《あね》に しかられる。

⑩ もうすぐ □《ひる》だ。

⑪ すきな □《きょう》□《か》は 算数だ。

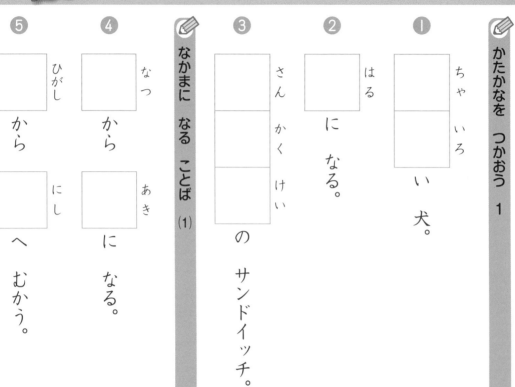

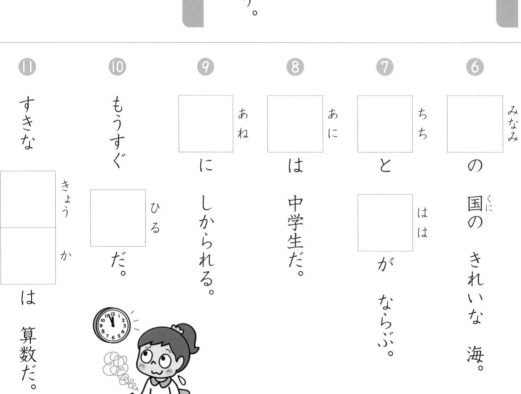

なかまに　なる　ことば　(2)「ありがとう」を　つたえよう

/11もん

だい17回《かい》

☆ □に　かん字を　書きましょう。

なかまに　なる　ことば　(2)

❶ □□《おんがく》を　きく。

❷ □《たい》いくで　あせを　かく。

❸ □□□□《とうざいなんぼく》の　方角。

❹ □□□□《しゅんかしゅうとう》の　けしき。

❺ 男の　□□《きょうだい》。

❻ □《にい》さんと　□《ねえ》さん。

❼ 妹は　□《かあ》さんが　大すきだ。

❽ □《とう》さんが　カレーを　作る。

「ありがとう」を　つたえよう

❾ □□《てがみ》が　とどく。

❿ ほけん□《しつ》で　休む。

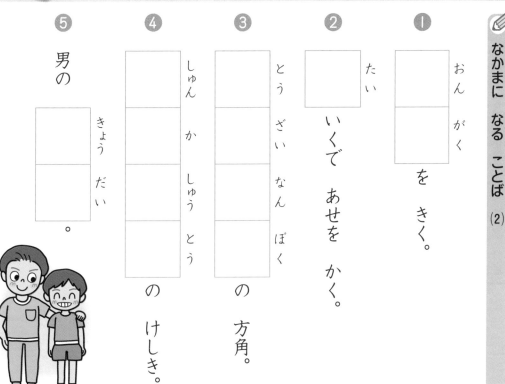

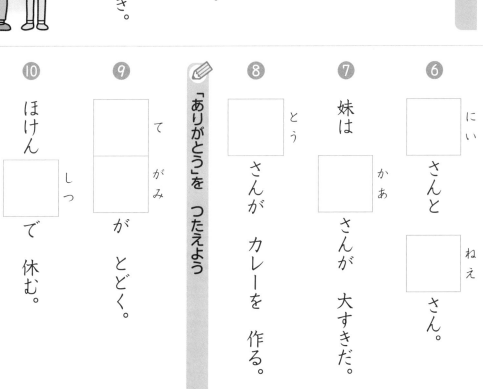

かさこじぞう

/12もん

だい18回《かい》

☆ □に かん字を 書きましょう。〔　〕には、かん字と ひらがなを 書きましょう。
（☆は、新しい かん字を つかった べつの ことばです。）

❶ ある □《とし》の 大みそか。

❷ かさを 作って 〔　〕《うる》。

❸ 町で もちを 〔　〕《かう》。

❹ 村の 〔　〕《はずれ》。

❺ □《みち》ばたに じぞうが 立って いる。

❻ 安《あん》□《しん》して かえる。

❼ □《こめ》の もちを つく。

❽ 〔　〕《うたう》声を 聞く。

❾ □□《あまど》を あける。

❿ □《から》ぞりを 引いて かえる。

⓫☆ □□《みちくさ》を くう。

⓬☆ 町の □□《ちゅうしん》。

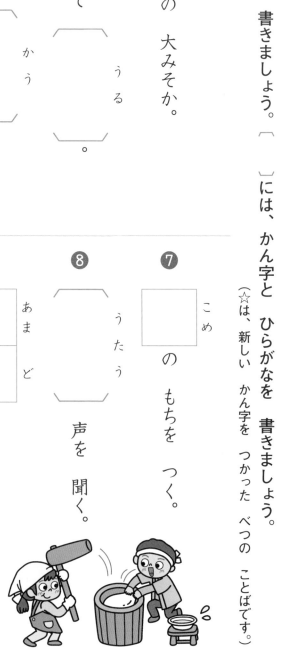

かん字を　つかおう　5

/12もん

だい19回《かい》

☆ □に かん字を 書きましょう。〔 〕には、かん字と ひらがなを 書きましょう。

① □□□《にちようび》の よてい。

② □□《ごぜん》七時に おきる。

③ □□《ごご》四時に なる。

④ ふかい □《たに》。

⑤ 大きな □《いわ》。

⑥ たくさんの □□《がんせき》。

⑦ □《いけ》の こいに えさを やる。

⑧ 青い □《くるま》に のる。

⑨ 家ぞくで 〔　　〕《でかける》。

⑩ □《もく》ようびの 時間わり。

⑪ □《はや》おきを する。

⑫ あしたは 〔　　〕《やすみ》だ。

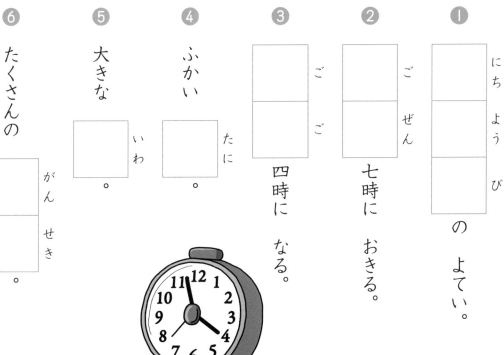

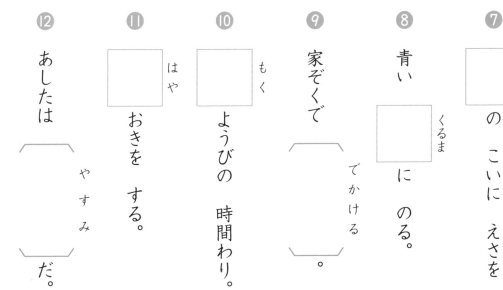

かん字を　つかおう　6

だい20回《かい》　/12もん

☆ □に　かん字を　書きましょう。

① □《とり》が　鳴く。

② □《うま》に　のる。

③ きりんの　□《くび》は　長い。

④ そうじ□□《とうばん》に　なる。

⑤ □□□□《ずがこうさく》の　時間。

⑥ えんぴつを　□□《いっぽん》　買う。

⑦ □《ろく》りんの　バラの　花。

⑧ □《よん》ひきの　子ねこ。

⑨ □《ご》わの　にわとり。

⑩ □□《にだい》の　トラック。

⑪ ビルの　□《じっ》かい。

⑫ □□《きゅうにん》の　チーム。

むかしから つたわる 言い方
かん字の 読み方と おくりがな (1)

/11もん　だい21回

☆ □に かん字を 書きましょう。〔　〕には、かん字と ひらがなを 書きましょう。
（☆は、新しい かん字を つかった べつの ことばです。）

むかしから つたわる 言い方

❶ □□《いっかい》ずつ つかう。

かん字の 読み方と おくりがな (1)

❷ 山道を〔　　〕《くだる》。

❸ かん字の □《あと》に つづけて 書く。

❹ □《そと》で あそぶ。

❺ □□《きんぎょ》ばち。

❻ □□《でんしゃ》で 買いものに 行く。

❼ 〔　　〕《ほそい》ふでで 絵を かく。

❽ 〔　　〕《こまかい》もようが 入った ふく。

❾ 〔　　〕《あかり》を つけて 本を 読む。

❿ 年が〔　　〕《あける》と、八才に なる。

⓫☆ □□《でんわ》を かける。

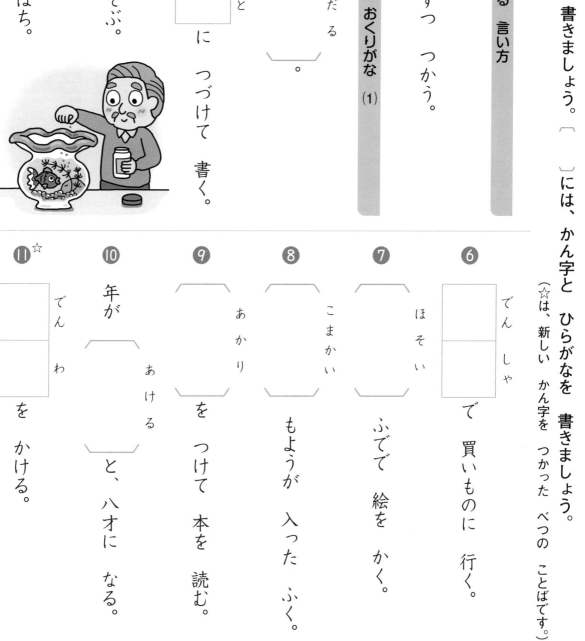

かん字の 読み方と おくりがな (2)
あなの やくわり
かん字を つかおう 7 (1)

だい22回 /10もん

☆ □に かん字を 書きましょう。〔 〕には、かん字と ひらがなを 書きましょう。

かん字の 読み方と おくりがな (2)

1. □《さかな》を つる。
2. □□□《うおいちば》に 入る。
3. □□《すいでん》が 広がる。
4. 日本の 近くの □《くに》。
5. □《かど》を まがる。

あなの やくわり

6. プラグの □《さき》の あな。
7. 小さい あなを 〔　　〕《とおる》。

かん字を つかおう 7 (1)

8. □□《きしゃ》が 走る。
9. □□《ぼくとう》を かざる。
10. □□《ゆみや》の 名人。

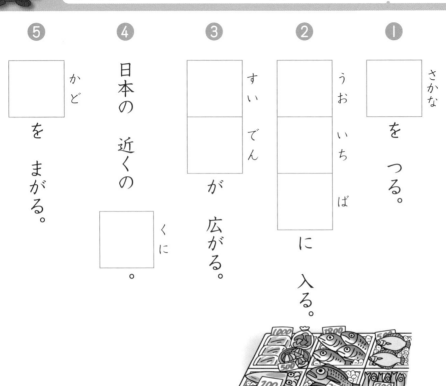

かん字を つかおう 7 (2)
はんたいの いみの ことば (1)

だい23回

/14もん

★ □に かん字を 書きましょう。〔　〕には、かん字と ひらがなを 書きましょう。

かん字を つかおう 7 (2)

1 さむらいが □《かたな》を こしに 下げる。

2 □□《ちょくせん》を 引く。

3 □□《やまざと》に ある □《てら》。

4 〔　　〕《くろい》毛の 牛。

5 □《こく》ばんに 字を 書く。

はんたいの いみの ことば (1)

6 □《かわ》から □《た》んぼに 水を 引く。

7 力が 〔　　〕《よわい》。

8 家から えきまでは 〔　　〕《とおい》。

9 □□《ことし》の □□《たいふう》。

10 〔　　〕《ふるい》 □□《とけい》を 直《なお》す。

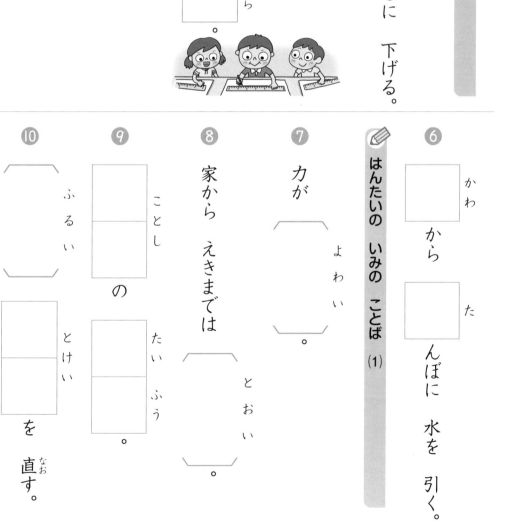

はんたいの　いみの　ことば　(2)
くらべて　つたえよう

だい24回

/12もん

☆ □に　かん字を　書きましょう。〔　〕には、かん字と　ひらがなを　書きましょう。

はんたいの　いみの　ことば　(2)

1 □□《はんぶん》に　わける。

2 □□《こうえん》で　あそぶ。

3 □□《ひとくみ》の　ことば。

4 □□《さゆう》を　見て　道を　わたる。

5 声の　□□《きょうじゃく》。

6 □□《えんきん》を　つかむ。

7 しなものの　□□《ばいばい》。

8 歌うのが　□□《へた》だ。

9 □□《かみて》と　□□《しもて》。

くらべて　つたえよう

10 せい□《り》の　しかたを　〔　〕《まなぶ》。

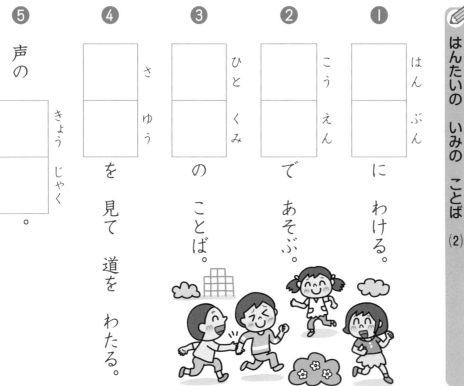

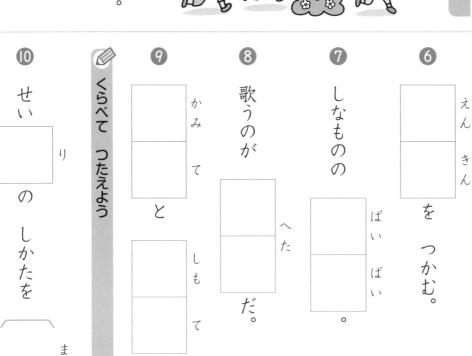

声に　出して　みよう　たからものを　しょうかいしよう　お手紙

/10もん

だい25回

☆ □に　かん字を　書きましょう。〔　〕には、かん字と　ひらがなを　書きましょう。

声に　出して　みよう

① 白い□□□《がようし》。

② □□《あす》は　休みだ。

③ □□《けさ》は　とくに　さむい。

④ □□《かわら》で　バーベキューを　する。

⑤ □□《たなばた》の　夜。

たからものを　しょうかいしよう

⑥ □《つの》みたいな　形。

お手紙

⑦ □□《まいにち》ゆうびんうけを　見る。

⑧ 家へ〔　　〕《かえる》。

⑨ □《しん》愛《あい》なる　きみ。

⑩ きみは　ぼくの　□□《しんゆう》だ。

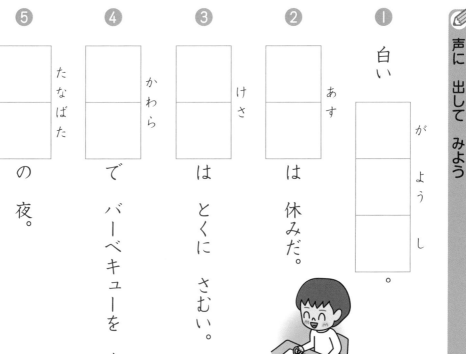

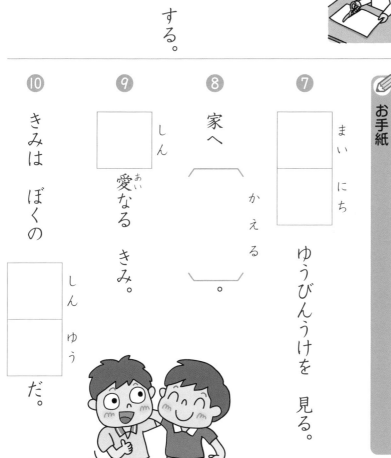

かん字を つかおう 8
にた いみの ことば

だい26回 /14もん

☆ □に かん字を 書きましょう。〔 〕には、かん字と ひらがなを 書きましょう。

かん字を つかおう 8

1 くじゃくの □《はね》。

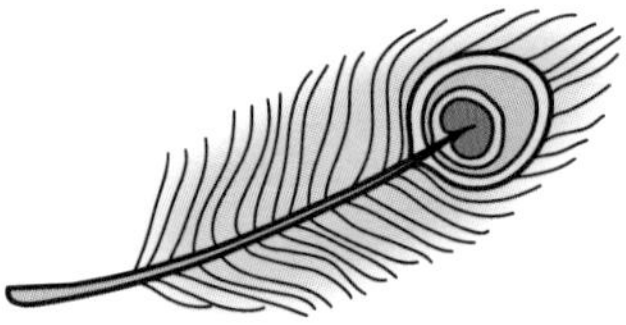

2 □□《とうきょう》は 人が 多い。

3 □□《むぎちゃ》を 水とうに 入れる。

4 作文を 書き〔　　〕《なおす》。

5 □□《こうつう》あんぜんの おまもり。

にた いみの ことば

6 〔　　〕《あかい》 □□《ゆうひ》。

7 □□《こんや》は、□《ほし》が きれいだ。

8 まっ白な □□《せつげん》。

9 □□《さんしょく》の □□《ふうせん》。

10 □□《ちょうしょく》と □□《ちゅうしょく》。

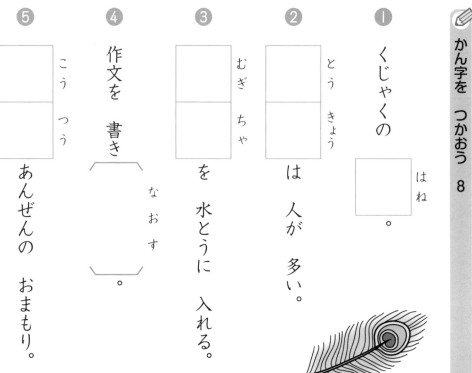

答え

だい1回

❶風 ❷元気 ❸読む ❹言う ❺木 ❻光る ❼話 ❽音読 ❾丸 ❿声 ⓫話す

だい2回

❶花 ❷虫 ❸一日中 ❹空き ❺光 ❻小川 ❼上下 ❽上る ❾草 ❿中・入る ⓫糸 ⓬音

だい3回

❶行く ❷分ける ❸記 ❹点・書き方 ❺読書・作る ❻線・数 ❼画数 ❽聞く ❾何・考える ❿何

だい4回

❶夜・間 ❷数える ❸多い ❹少ない ❺毛・当たる ❻生活科・時間 ❼時 ❽来る ❾来月 ❿文字

だい5回

❶正月 ❷正門 ❸女子・男子 ❹人間 ❺先生 ❻二年 ❼正しい ❽回り ❾高さ ❿黄色

だい6回

❶外国 ❷地名 ❸名前 ❹一人 ❺二人 ❻大人 ❼野原 ❽方 ❾頭

だい7回

❶答える ❷本当 ❸牛 ❹下ろす ❺間 ❻気 ❼空気 ❽風 ❾元 ❿場 ⓫会う ⓬思う

だい8回

❶今 ❷会社 ❸見学 ❹親 ❺親しい ❻友 ❼休日 ❽明るい ❾明 ❿名言 ⓫言 ⓬計算

だい9回

❶貝 ❷生 ❸組み ❹家 ❺自分 ❻行 ❼心 ❽教える ❾教わる

だい10回

❶園 ❷知りたい ❸体 ❹長い ❺太い ❻草原 ❼森林 ❽下げる ❾肉 ❿同じ ⓫園 ⓬肉

だい11回

❶合う ❷大 ❸楽しい ❹雪 ❺顔 ❻食べられる ❼一生 ❽歩き ❾少し

だい12回

❶今日 ❷走る ❸止まる ❹食う ❺弟・妹 ❻足りる ❼二万 ❽計る ❾野 ❿大切

答え

だい13回
❶天才　❷雨天
❸天　❹外国語
❺丸太　❻台
❼小さい
❽絵　❾広げる
❿地図

だい14回
❶工・地　❷北
❸近よる　❹上
❺大工・切る　❻引きずる
❼上手　❽後ろ・形
❾家　❿五分
⓫夜中　⓬内

だい15回
❶図書・海　❷海
❸新しい　❹強い
❺船・鳴く　❻雲・晴れた
❼店長　❽冬・朝
❾週　❿市場・店

だい16回
❶茶色　❷春
❸三角形
❹夏・秋　❺東・西
❻南　❼父・母
❽兄　❾姉
❿昼　⓫教科

だい17回
❶音楽　❷体
❸東西南北　❹春夏秋冬
❺兄弟　❻兄・姉
❼母　❽父
❾手紙　❿室

だい18回
❶年　❷売る
❸買う　❹外れ
❺道　❻心
❼米　❽歌う
❾雨戸　❿空
⓫道草　⓬中心

だい19回
❶日曜日　❷午前
❸午後　❹谷
❺岩　❻岩石
❼池　❽車
❾出かける　❿木
⓫早　⓬休み

だい20回
❶鳥　❷馬
❸首　❹当番
❺図画工作　❻一本
❼六　❽四
❾五　❿二台
⓫十　⓬九人

だい21回
❶一回
❷下る　❸後
❹外　❺金魚
❻電車　❼細い
❽細かい　❾明かり
❿明ける　⓫電話

だい22回
❶魚　❷魚市場
❸水田　❹国
❺角
❻先　❼通る
❽汽車　❾木刀
❿弓矢

だい23回
❶刀　❷直線
❸山里・寺　❹黒い
❺黒　❻川・田
❼弱い　❽遠い
❾今年・台風
❿古い・時計

だい24回
❶半分　❷公園
❸一組　❹左右
❺強弱　❻遠近
❼売買　❽下手
❾上手・下手
❿理・学ぶ

だい25回

①画用紙　②明日
③今朝　④川原
⑤七夕
⑥角
⑦毎日　⑧帰る
⑨親　⑩親友

だい26回

①羽　②東京
③麦茶　④直す
⑤交通　⑥赤い・夕日
⑦今夜・星　⑧雪原
⑨三色・風船
⑩朝食・昼食

教科書ワーク

もくじ

教育出版版 国語2年

動画 コードを読《よ》みとって、下《した》の番号《ばんごう》の動画《どうが》を見《み》てみよう。

【イラスト】artbox、いけべけんいち。、かつまたひろこ、クリエイティブ・ノア、下間文恵、TICTOC

【写真提供】教育出版株式会社

きほんのワーク

すごろくトーク
つづけて みよう ――日記

教科書 上8～11ページ
答え 1ページ

べんきょうした日　月　日

もくひょう
●ちょうど よい こえの 大きさを たしかめよう。
●日記の 書きかたを おさえよう。

かん字れんしゅうノート3ページ

おわったら シールを はろう

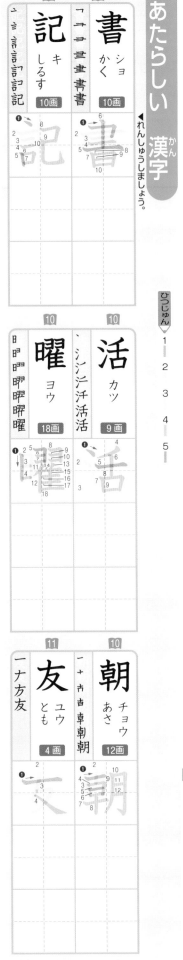

あたらしい 漢字《かん》

◀れんしゅうしましょう。

教科書10ページ

漢字	よみ	画数	ひつじゅん
書	ショ／かく	10画	10
記	キ／しるす	10画	10
活	カツ	9画	10
曜	ヨウ	18画	10
朝	チョウ／あさ	12画	10
友	ユウ／とも	4画	11

ひつじゅん 1 2 3 4 5

1 漢字の よみ　よみがなを 書きましょう。

○あたらしく 学ぶ 漢字
●あたらしい よみかたを おぼえる 漢字
◆とくべつな よみかたの ことば

① 日記に 書く。（　　）（　く）
② まいにちの 生活。（　　）
③ 日曜日。（　　）
④ 朝に きがえる。（　　）
⑤ 友だちと あそぶ。（　だち）

2 漢字の 書き　漢字を 書きましょう。

① 文を □《か》く。
② □□《せいかつ》を する。
③ □□□《すいようび》。
④ □《あさ》ごはん。

3 すごろくトーク

いちばん　大きな　こえで　はなす　ばめんに、○を　つけましょう。

ア（　　）ほけんしつで、先生に　様子《ようす》を　つたえる。

イ（　　）朝、きょうしつで　みんなに　あいさつを　する。

ウ（　　）校庭《てい》で、とおくに　いる　友だちを　おにごっこに　さそう。

4 つづけて　みよう ――日記

日記を　よんで、こたえましょう。

> 四月二十日（土曜日）はれ
>
> きょうは、いもうととあそびました。いもうとが、じぶんの名まえを書きたいといったので、わたしは、いもうとに、書きかたをおしえて［1］。
>
> いもうとは、
>
> 「ありがとう。」
>
> といって［2］。うれしかったです。

1 いつの　ことを　書いた　日記ですか。

（　　　　　　）

2 ［1］・［2］に　あう　ことばを、［　］から　えらんで　書きましょう。

［1］…（　　　　）

［2］…（　　　　）

［ くれました　　あげました ］

3 おもった　ことを　どのように　書いて　いますか。

（　　　　　　）

ものしりメモ

日本では、千年いじょうも　まえの　日記が　のこって　いるよ。むかしの　日記から、日記を　書いた　じだいの　人たちの　生活が　わかるんだ。

きほんのワーク

ちいさい おおきい

教科書 上12～14ページ
答え 1ページ

もくひょう
●しの 中に 出て くる ことばを おさえよう。
●どんな よみかたを するか かんがえよう。

べんきょうした日 月 日

おわったら シールを はろう

しを よんで、こたえましょう。

ちいさい　おおきい
こうやま よしこ

ちいさい　おおきい
ちいさい　おおきい
おおきくって　おおきくって　おおきくって
ちいさい
ぞうさんの　なみだ

ちいさい　おおきい
ちいさい　おおきい
おおきくって　おおきくって　おおきくって
ちいさい
かばさんの　むしば

ちいさい　おおきい

1 よく出る しの 中で くりかえされて いる ことばは、なんですか。

ちいさい（　　）
おおきい（　　）

2 しの 中に 出て くる ことばに なるように、・――・で むすびましょう。

① かばさんの・　　・おなか
② かえるの・　　・にもつ
③ ありさんの・　　・むしば

どんな ものが 小さくて、どんな ものが 大きいと いって いるのかな。

ちいさい　おおきい
ちいさくって　ちいさくって　ちいさくって
おおきい
かえるの　おなか

ちいさい　おおきい
ちいさい　おおきい
ちいさくって　ちいさくって　ちいさくって
おおきい
ありさんの　にもつ

ちいさい　おおきい
ちいさい　おおきい
ちいさくって　ちいさくって　ちいさくって
ちいさい
めだかの　あくび

ちいさい　おおきい
ちいさい　おおきい
おおきくって　おおきくって　おおきくって
おおきい
くじらの　くしゃみ

3 「めだかの　あくび」を、どんな　ふうに　いって　いますか。

ちいさくって　ちいさくって　ちいさくって

（　　　　）

4 「おおきくって　おおきくって　おおきくって　おおきい」ものは、なんですか。

（　　　　）

5 この　しは、どんな　ふうに　よむと　よいですか。（一つに　○を　つけましょう。）

くりかえされて　いる　ことばに　ちゅうもくしよう。

ア（　）できるだけ　大きな　こえで　よむ。
イ（　）できるだけ　小さな　こえで　よむ。
ウ（　）こえを　大きく　したり　小さく　したり　して　よむ。

ものしりメモ
くじらは　さかなでは　なくて、にんげんと　おなじ　「ほにゅうるい」と　いう　どうぶつだよ。あたまの　上に　ある　あなで　いきを　して　いるんだ。

きほんのワーク

はるねこ

教科書 上16～31ページ

答え 2ページ

べんきょうした日 月 日

もくひょう
●とうじょう人物が、どんな 様子《よう》で、どんな ことを したかを 読みとろう。

おわったら シールを はろう

かん字れんしゅうノート4ページ

あたらしい 漢字《かん》

◀れんしゅうしましょう。

教科書 16ページ

教科書ページ	漢字	読み	画数
16	通	ツウ とおる かよう	10画
16	色	ショク シキ いろ	6画
17	思	シ おもう	9画
17	今	コン いま	4画
18	声	セイ こえ	7画
19	何	なに なん	7画
19	言	ゲン ゴン いう こと	7画
26	読	ドク トウ よむ	14画

ひつじゅん 1 2 3 4 5

1 漢字の 読み

読みがなを 書きましょう。

① 一通の 手がみ。（　）

② わか草色。（　）

③ 思い出す。（　い）

④ ねこが 言う。（　う）

⑤ 今度《ど》は 虫を つくる。（　）

⑥ 見通しを もつ。（　し）

⑦ 音読する。（　）

⑧ 言葉《ば》を しらべる。（　）

○ あたらしく 学ぶ 漢字
● あたらしい 読みかたを おぼえる 漢字
◆ とくべつな 読みかたの 言葉

「通」の 書きじゅんや、「辶」の かたちに 気を つけよう。

3 言葉《ば》の いみ

——の いみに あう ほうに、○を つけましょう。

① 18ページ どんよりした 空。

ア（　）日が しずんで、くらい 様子《よう》。

イ（　）くもって、うすぐらい 様子。

ないようを つかもう！

☆ はるねこ

あやと はるねこが した ことの じゅんばんに なるように、1～4を 書きましょう。

教科書 16～27ページ

2 漢字の 書き

漢字を 書きましょう。

① □《いろ》えんぴつ。

② うれしく □《おも》う。

③ きょ年の □《いま》ごろ。

④ つぶやく □《こえ》。

⑤ □《なに》かを さがす。

⑥ つづきを □《よ》む。

② 18 ぶつぶつ つぶやく。

ア（　）小さな 声で 言う。

イ（　）早口で 言う。

③ 22 あっというまに 本物《もの》に なる。

ア（　）ほんの わずかの あいだ。

イ（　）とても ながい あいだ。

④ 26 声が とおざかる。

ア（　）とおくから ちかづいて くる。

イ（　）とおくへ はなれて いく。

4 言葉の つかいかた

つぎの 文の（　）に あう 言葉を、[　]から えらんで 書きましょう。

① きゅうに（　　）が ふる。

② ゴロゴロと（　　）が なる。

[かみなり　雨]

ものしりメモ

「わか草色」とは、はるに なって めを 出したばかりの 草のような、うすい みどり色の ことだよ。色の しゅるいや 色を あらわす 言葉は、とても たくさん あるよ。

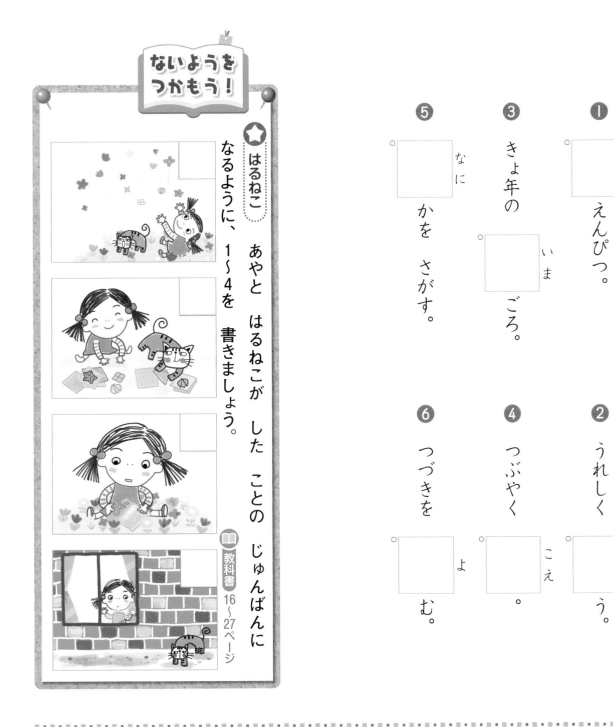

れんしゅうのワーク はるねこ

教科書 ㊤16〜31ページ　答え 2ページ

できるナビ
●あやと はるねこの 様子《よう》や、言った ことを 読みとろう。

べんきょうした日 月 日

おわったら シールを はろう

文章《しょう》を 読んで、こたえましょう。

それは、ちょうど きょねんの 今ごろの こと。

その 年は、なにもかもが へんでした。そろそろ あたたかな はるが やって きても いい ころなのに、のはらには 花も さかず、ちょうちょも すがたを 見せません。

「早く あったかい おそとで あそびたいなあ。」

空は どんより くもり空。そとは ひんやり さむそうです。

あやは、きょうも いえの 中で、おりがみあそびを して いました。

その とき にわの ほうから、なにやら ぶつぶつ つぶやく 声が きこえて きました。

あやが、そとを のぞいて みると、そこには わか草色の ねこが いて、何かを

1 その 年は、どんな ところが 「へん」だったのですか。

そろそろ（　　）が やって きても いい ころなのに、のはらには（　　）も さかず、ちょうちょも すがたを 見せない ところ。

2 あやは、いえの 中で 何を して いましたか。

（　　）

3 よく出る● あやが そとを のぞいて みると、だれが 何を して いましたか。

（　　）色の（　　）が、何かを いっしょうけんめい（　　）いた。

ことばのいみプラス
12行 ぶつぶつ…小さな 声で 何かを 言う 様子《よう》。

いっしょうけんめい　さがして　いたのです。

「こんにちは、ねこさん。どう　したの。」

「ああ、もう　どう　したら　いいんだろう。あれが　ないと、ことしの　はるは　やって　こない。こまった　こまった、どう　しよう。」

「ええっ。はるが　やって　こないの。」

あやが　おどろくと、その　ねこは　言いました。

「ぼくは、はるねこ。まいとし、はるを　はこぶ　ことが、ぼくの　しごとなの。それなのに　ぼくったら、たくさんの『はるの　たね』が　つまった　きんちゃくぶくろを、どこかに　おとしちゃったんだ。」

「だから、ことしの　はるは、なかなか　やって　こなかったのね。」

〈かんの　ゆうこ『はるねこ』に　よる〉

4 あやが　おどろいたのは、なぜですか。

おどろいた　とき、あやは　何と　言ったかな。

ねこが、
「あれが　ないと、ことしの（　　　）は
（　　　）。」
と　言ったから。

5 はるねこの　しごとは、どんな　ことですか。
（一つに　○を　つけましょう。）


ア（　）おとしものを　さがす　こと。

イ（　）はるを　はこぶ　こと。

ウ（　）「はるの　たね」を　つくる　こと。

6 はるねこは、何を　おとしたのですか。

たくさんの「（　　　）」が
つまった（　　　）。

ものしりメモ
きんちゃくぶくろは、ぬのや　かわで　つくった、口を　ひもで　しめる　小さな　ふくろだよ。むかしは、お金を　入れる　さいふと　して　つかったんだ。

きほんのワーク

ひろい 公園
言葉《ば》の 文化《か》① 回文を たのしもう

教科書 ㊤32〜37ページ
答え 2ページ

べんきょうした日　月　日

もくひょう
● えを 見て、大事《じ》な ことを おとさず おさえよう。
● 回文を 音読して、たのしもう。

おわったら シールを はろう

かん字れんしゅうノート5〜6ページ

あたらしい 漢字《かん》
◀れんしゅうしましょう。

教科書 32ページ

漢字	読み	画数	教科書ページ
公	コウ	4画	32
園	エン	13画	32
聞	ブン　きく	14画	34
話	ワ　はなす　はなし	13画	34
汽	キ	7画	34
星	セイ　ほし	9画	34
同	ドウ　おなじ	6画	36
回	カイ　まわる	6画	37

ひつじゅん 1 2 3 4 5

1 漢字の 読み　読みがなを 書きましょう。

① 公園に いく。
② おんがくを 聞（く）。
③ 話（し）しあう。
④ 同（じ）じ 汽車に のる。
⑤ 星を 見る。
⑥ 回文を つくる。

○ あたらしく 学ぶ 漢字
● あたらしい 読みかたを おぼえる 漢字
◆ とくべつな 読みかたの 言葉

2 漢字の 書き　漢字を 書きましょう。

① □□《こうえん》で あそぶ。
② よ空の □《ほし》。
③ □《おな》じ クラス。

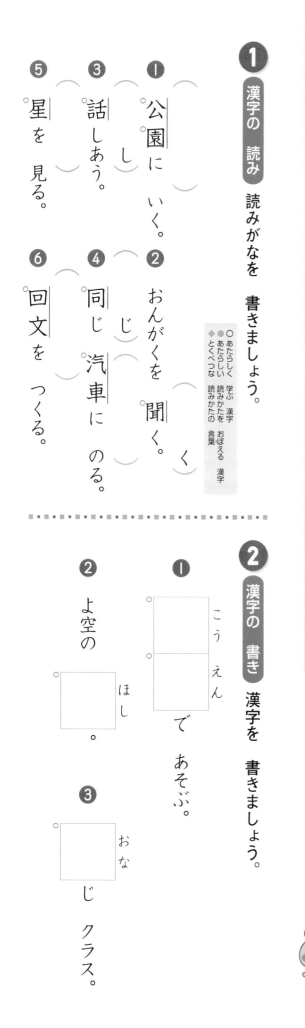

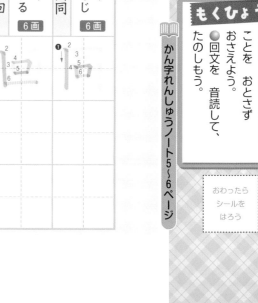

3 ★ ひろい 公園

えを 見て こたえましょう。

1 この 公園には、どんな あそびどうぐが ありますか。四つ 書きましょう。

（　　　　）（　　　　）

（　　　　）（　　　　）

2 ワンピースを きた 女の子は、何を して いますか。（一つに ○を つけましょう。）

ア（　）ボールで あそんで いる。

イ（　）かけっこを して いる。

ウ（　）おべんとうを たべて いる。

3 犬を つれて いる 人は、どこに いますか。

犬の さんぽを しに 公園に いったら、もう 一人、犬を つれて いる 人が いたよ。白い ぼうしを かぶって いたよ。

（　　　　）

4 ★ 言葉《ば》の 文化《か》① 回文を たのしもう

回文に なるように、□に あう 言葉《ば》を 書きましょう。

① しんぶ □□

② いるかは □□□

③ □□□ こねこいるわ

④ いかのだんすは □□□□□□

ものしりメモ 回文を つくる ことが できるのは、日本ごだけでは ないよ。たとえば、えいごでは、Madam, I'm Adam.（マダム、わたしが アダムです。）と いう 回文が あるよ。

きほんのワーク

漢字《かん》の ひろば① 画と 書きじゅん
一年生で 学んだ 漢字①

教科書 上38～40ページ
答え 2ページ

もくひょう
●漢字の 画数と 書きじゅんに 気を つけよう。

おわったら シールを はろう

漢字《かん》れんしゅうノート6～8ページ

あたらしい 漢字《かん》

◀れんしゅうしましょう。

ひつじゅん 1 2 3 4 5

教科書 ページ

ページ	漢字	読み	画数	書きじゅん
38	画	ガ カク	8画	一 丆 冂 币 再 画 画 画
38	会	カイ あう	6画	ノ 人 𠆢 会 会 会
38	線	セン	15画	纟 糸 糸 約 紳 綿 綿 線
38	数	スウ かず かぞえる	13画	丷 䒑 米 娄 娄 数 数
38	点	テン	9画	丨 ト 占 占 占 点
38	馬	バ うま ま	10画	丨 厂 冂 弔 馬 馬 馬
39	方	ホウ かた	4画	丶 亠 亢 方
39	工	コウ ク	3画	一 丅 工
39	羽	は はね	6画	刁 习 羽 羽 羽 羽

1 漢字の 読み　読みがなを 書きましょう。

○あたらしく 学ぶ 漢字
●あたらしい 読み方を おぼえる 漢字
◆とくべつな 読み方の 言葉

① 漢字の 画数。

② あそぶ 会。

③ 五本の 線。

④ 線と 点。

⑤ 画の 数。

⑥ 漢字の 書き方。

2 漢字の 書き　漢字を 書きましょう。

① □《かぞ》えやすい。

② □《うま》が はしる。

③ 図《ず》□《こう》の じかん。

④ とりの □《はね》。

漢字《かん》の ひろば① 画と 書きじゅん

3 つぎの 漢字の 画数は 何画ですか。漢数字で こたえましょう。

① 子（　　）画
② 糸（　　）画
③ 何（　　）画
④ 記（　　）画

4 つぎの 漢字の 一画めは どちらですか。

① ア（　）左　イ（　）左
② ア（　）小　イ（　）小
③ ア（　）女　イ（　）女
④ ア（　）通　イ（　）通

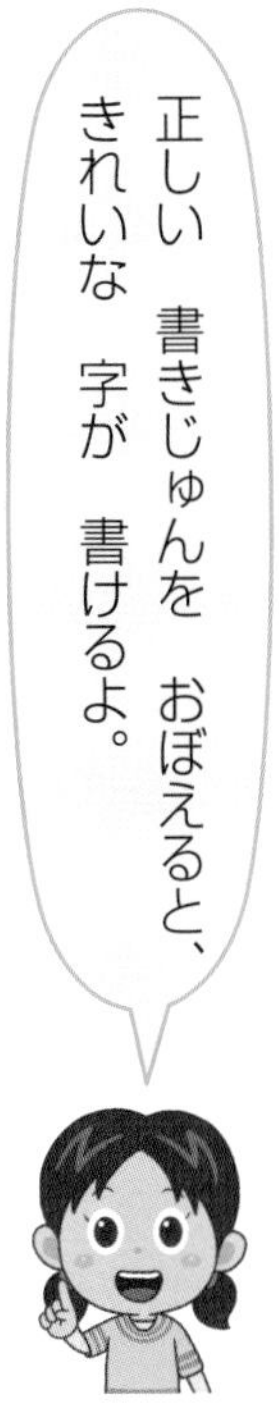

正しい 書きじゅんを おぼえると、きれいな 字が 書けるよ。

5 一年生で 学んだ 漢字① 漢字を 書きましょう。

① □《にゅう》□《がく》しき。
② 花の □《な》まえ。
③ □《がっ》□《こう》。
④ □《せん》□《せい》。
⑤ ろうそくの □《ひ》。
⑥ □《かわ》の □《みず》。
⑦ □《むし》とりあみ。
⑧ りんごの □《き》。
⑨ まっすぐ □《た》つ。
⑩ □《しろ》い □《かい》がら。

ものしりメモ　漢字の 書きじゅんは、日本と その ほかの くにでは ちがって いる ことも あるよ。

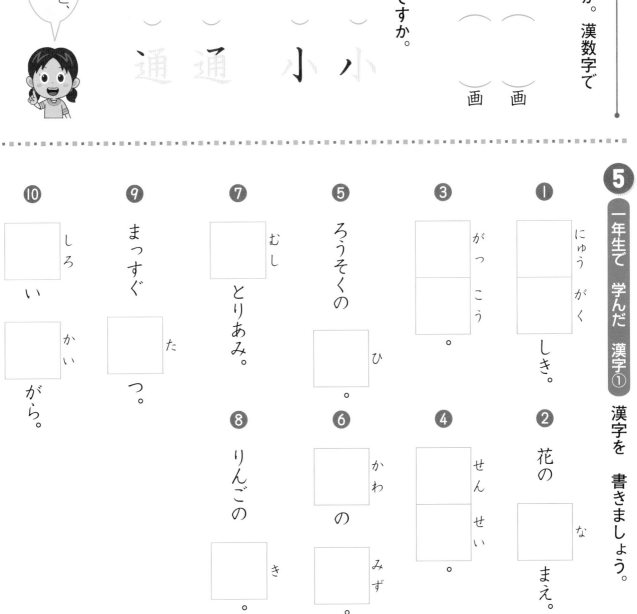

教科書 上16〜40ページ
答え 3ページ
べんきょうした日 月 日

まとめのテスト
はるねこ
漢字《かん》の ひろば① 画と 書きじゅん

時間20分
とく点 /100点
おわったら シールを はろう

1 文章《しょう》を 読んで、答えましょう。

「そうだ。この おりがみで、いっしょに はるを つくって みようよ。」

「えっ。そんな ことが できるのかい。」

「やって みるの。さあ、はるねこさんも てつだって。」

あやと はるねこは、たのしく うたいながら、たくさんの 花を つくりはじめました。

すると どうでしょう……。

二人は、いつのまにか、ひろい ひろい のはらの まん中に すわって いました。

そこで、あやと はるねこは、おりがみで つくった 色とりどりの 花を、さあっと、のはらに ふりまきました。

おりがみの 花は、あっと いうまに 本物《もの》の

1 「そんな こと」とは、どんな ことですか。〔15点〕

おりがみで いっしょに（　　　）を つくる こと。

2 あやと はるねこが、花を つくりはじめると、二人は、どう なって いましたか。 一つ5〔10点〕

いつのまにか、ひろい ひろい （　　　）の まん中に （　　　）いた。

3 よく出る あやと はるねこが、おりがみの 花を のはらに ふりまくと、どう なりましたか。〔15点〕

（一つに ○を つけましょう。）

ア（　）おりがみの 虫に なった。

イ（　）本物の 花に なった。

ウ（　）のはらに 木が 生えた。

ことばの いみ プラス

14行 ふりまく…あちこちに まいて ちらす こと。

22行 やまね…ねずみの なかまの 生きもので、おもに 山で くらして いる。

花に なって、あたりは、あまい かおりで
いっぱいに あふれたのです。
「わあ すごいや。今度《ど》は
虫を つくろうよ。」
それから 二人は、さくらの
木や みどりの はっぱ、りすや
うさぎ、きつねに やまね、
いろんな 生きものを たくさん
つくって いきました。
のはらには、いつのまにか
はるの 日ざしが こぼれ、
花も、虫も、木も、
どうぶつも、すべてが
かがやきはじめたのです。
「ああ、ほんとうに よかった。
ことしは きみの おかげで、
ぶじに はるが やって きたよ。」
はるねこは、あやに ぺこりと おじぎを
しました。

〈かんの ゆうこ『はるねこ』に よる〉

チャレンジ!

4 二人が いろいろな ものを つくって いくと、のはらは どう なりましたか。 一つ10〔20点〕

いつのまにか （　　　）が
こぼれ、すべてが
（　　　）。

2 漢字《かん》の 画と 書きじゅんに ついて こたえましょう。

1 つぎの 漢字の 画数は 何画ですか。漢数字で こたえましょう。 一つ10〔20点〕

① 方（　　）画　② 馬（　　）画

2 つぎの 漢字の 一画めは どちらですか。 一つ10〔20点〕

① ア（　）竹　イ（　）竹

② ア（　）花　イ（　）花

ものしりメモ
花の かおりは、虫を よぶ ための ものだよ。花は、虫が すきな かおりを 出して 虫を よび、みや たねが できるのを 手つだって もらって いるんだ。

きほんのワーク

すみれと あり

教科書 ㊤42～49ページ

答え 3ページ

べんきょうした日　月　日

もくひょう
すみれが どのように なかまを ふやすのか、じゅんじょに 気を つけながら 読みとろう。

おわったら シールを はろう

かん字れんしゅうノート9ページ

あたらしい 漢字《かん》

◀れんしゅうしましょう。

教科書ページ	漢字	読み	画数
42	春	シュン はる	9画
42	道	ドウ みち	12画
42	高	コウ たかい たか たかまる	10画
43	近	キン ちかい	7画
43	地	チ ジ	6画
44	自	ジ シ みずから	6画
44	分	ブン フン ブ わける	4画
45	外	ガイ そと はずす	5画

ひつじゅん 1 2 3 4 5

○あたらしく 学ぶ 漢字
●あたらしい 読み方を おぼえる 漢字
◆とくべつな 読み方の 言葉

1 漢字の 読み

読みがなを 書きましょう。

1 春（　）の 花。
2 道（　）ばたに さく。
3 せの 高（　）い 木。
4 近（　）い ばしょ。
5 地面《めん》（　）に おちる。
6 自分（　）の すの 中。
7 外（　）に すてる。

3 言葉《ば》の いみ

――の いみに あう ほうに、○を つけましょう。

1 （42ページ） 春の 道ばた。
ア（　）道の ちょうど まん中。
イ（　）道の そば。道の はし。

2 （42） まわりを 見わたす。
ア（　）近よって じっくり 見つめる。
イ（　）とおくまで ひろく ながめる。

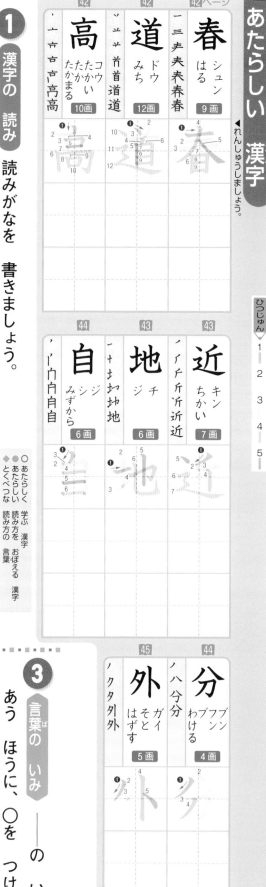

2 漢字の 書き

漢字を 書きましょう。

1 □《はる》に なる。

2 □《みち》ばたの 草。

3 いえから □《ちか》い。

4 □《じ》面に ころがる。

5 □□《じぶん》の 名前《まえ》。

6 □《そと》に 出る。

1「はる」は、よこぼう三本を 先に 書くよ。

ないようを つかもう！

★ すみれと あり

すみれの たねを ありが 見つけた あとの じゅんばんに なるように、2〜4を 書きましょう。

教科書 42〜46ページ

3

(43) いきおいよく とび出す。

ア（　）力づよく。はやく。

イ（　）しずかに。ゆっくり。

4 (45) もともと ついて いる。

ア（　）もとから。はじめから。

イ（　）あたらしく。はじめて。

5 (45) 白い ところだけが ほしいようです。

ア（　）白い ところの ほかには ない。

イ（　）白い ところの ほかにも ある。

4 言葉の つかい方

——の 言葉の つかい方が 正しい ほうに、○を つけましょう。

ア（　）近くの 公園や、のはらにも、たんぽぽが さいて いる。

イ（　）近くの 公園や、のはらにしか、たんぽぽが さいて いる。

ものしりメモ

すみれには 花びらが 5まい あるよ。下がわの 1まいの 花びらは、ほかの 花びらより 大きくて、線の もようが あったり、色が ちがって いたり するんだ。

れんしゅうのワーク

すみれと あり

教科書 上42～49ページ
答え 3ページ

できるナビ
●すみれの たねの でき方を おさえよう。
●ありが たねを どう するか 読みとろう。

べんきょうした日 月 日

おわったら シールを はろう

文章《しょう》を 読んで、こたえましょう。

すみれは、花を さかせた あと、みを つけます。みの 中には、たくさんの たねが できて います。

よく はれた 日に、みは、三つに さけて ひらきます。

そして、みの 中から、たねが いきおいよく とび出します。とび出した たねは、つぎつぎと 近くの 地面《めん》に おちて いきます。

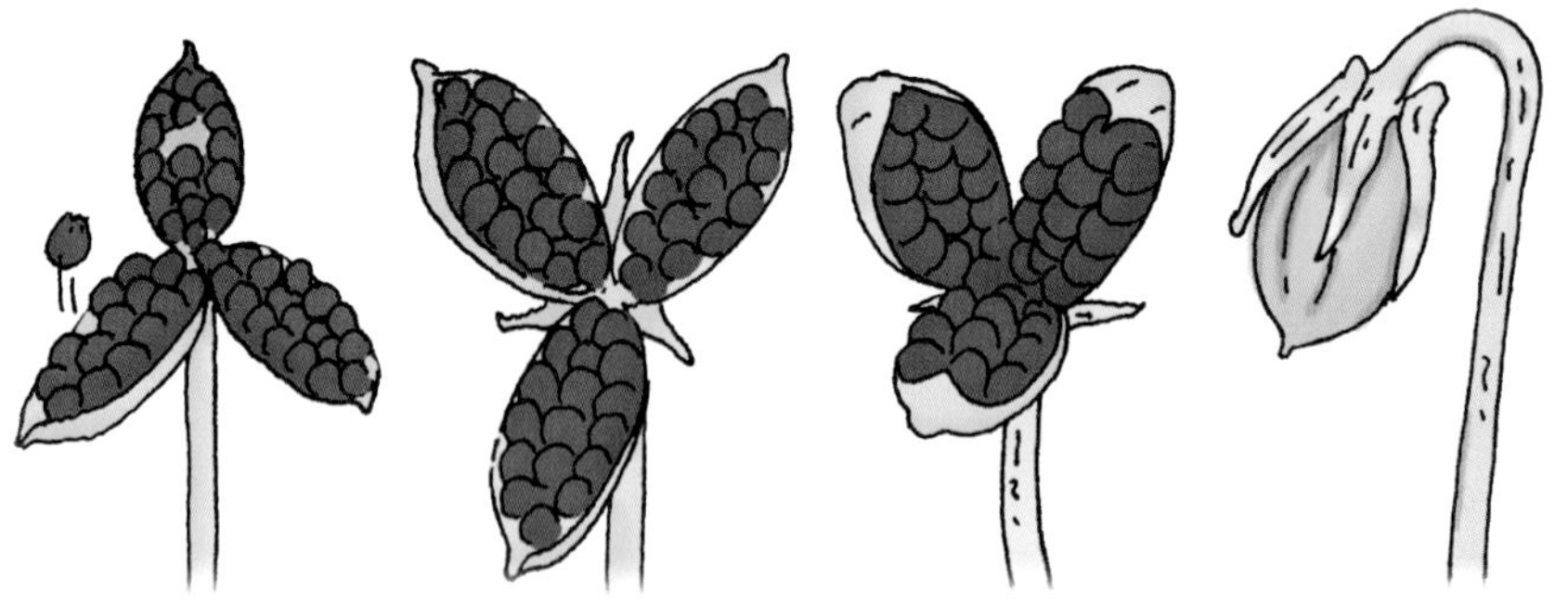

みを つけた すみれ　みの 中の たね　三つに さけた み　とび出す たね

1 すみれは、花を さかせた あと、どう しますか。

（　　　　）

2 「みの 中」には、何が できて いますか。

たくさんの（　　　　）。

3 よく出る すみれの みが さけて ひらくのは、どんな 日ですか。（一つに ○を つけましょう。）

ア（　）かぜの つよい 日。
イ（　）とても さむい 日。
ウ（　）よく はれた 日。

4 「たねが いきおいよく とび出します」と ありますが、とび出した たねは、どう なりますか。

すみれの たねは どこに おちるのかな。

（　　　　）

ことばの いみ プラス
7行 さける…一つの ものが きれて、いくつかに 分かれる。
12行 つぎつぎと…あとから あとから つづく 様子《よう》。

ありが、地面に　おちて　いる　すみれの　たねを　見つけました。よく　見ると、たねには、白い　かたまりが　ついて　います。

　ありは、その　たねを　自分の　すの　中へ　はこんで　いきます。

　しばらくすると、ありは、せっかく　はこんだ　たねを　すの　外に　すてて　います。すてられた　たねからは、もともと　ついて　いた　白い　かたまりが、なくなって　います。どうやら、たねの　白い　ところだけが　ほしいようです。

〈『すみれとあり』（矢間　芳子　作）（福音館書店刊）に　よる〉

5 よく出る 「ありが、地面に　おちて　いる　すみれの　たねを　見つけました。」と　ありますが、ありは　たねを　どこへ　どう　しますか。

どこへ　自分の（　　　　）へ。

どう　する（　　　　）。

6 「しばらくすると」、ありは、たねを　どう　しますか。（一つに　○を　つけましょう。）

ア（　）ほかの　すに　はこぶ。

イ（　）すの　外に　すてる。

ウ（　）たいせつに　しまって　おく。

7 よく出る すてられた　たねからは、何が　なくなって　いますか。

（　　　　）

ものしりメモ　ありは、からだから　においの　もとを　出して、それを　つかって　なかまに　えさばまでの　道を　おしえたり、てきが　きた　ことを　しらせたり　して　いるよ。

きほんのワーク

かんさつ発見《はっ》カード

教科書 上50～53ページ

答え 4ページ

べんきょうした日　月　日

もくひょう
●よく かんさつして、カードを 書こう。
●くみ立てに 気を つけて、発見した ことを わかりやすく 書こう。

おわったら シールを はろう

かん字れんしゅうノート10ページ

あたらしい 漢字《かん》
◀れんしゅうしましょう。

教科書 50ページ
形 ケイ ギョウ かた かたち 7画
一 二 チ 开 开 形 形

51
黄 オウ き 11画
一 艹 丗 共 苗 带 黄

ひつじゅん 1 2 3 4 5

1 漢字の 読み　読みがなを 書きましょう。

① 文の 形。（　　）
② 黄色の 花。（　　）

○あたらしく 学ぶ 漢字
●あたらしい 読み方を おぼえる 漢字
◆とくべつな 読み方の 言葉

2 漢字の 書き　漢字を 書きましょう。

① ものの □《かたち》。
② □□《きいろ》の しんごう。

3 言葉《ば》の ちしき　（　）に あう 言葉を □から えらんで、書きましょう。

① みかんは、りんごと（　　）小さい。
② しんかんせんは、車（　　）はやい。

くらべて
より

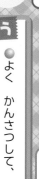

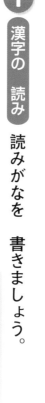

4 [かんさつメモ]を 見て、こたえましょう。

[かんさつメモ]

かんさつする もの　ミニトマト　七月五日

かわった ところ　みが 赤く なった。

形	まるくて、たまごみたいに つるつるして いる。
大きさ	五百円玉ぐらい
いろいろな 方向《こう》から 見る	よく 見ると、こまかい けが 生えて いる ものも ある。

思った こと　早く たべて みたい。

1 かんさつした 日は、何月何日ですか。

□月　□日

2 何を かんさつして 書いて いますか。

赤く なった（　　　）の み。

3 どんな ことを 発見したと 書いて いますか。

よく 見ると、（　　　）が 生えて いる ものも ある こと。

4 [かんさつメモ]を 見ながら、[かんさつ発見カード]の（　）に あう 言葉を 書きましょう。

ミニトマトのかんさつ
7月5日
　ミニトマトのみが、赤くなりました。
　大きさは、五百円玉（　　　　）です。形はまるくて、たまご（　　　　）つるつるしています。よく見ると、こまかいけが生えているものもあって、おどろきました。
　早く（　　　　）です。

みの 形や 大きさなどの ほかに、どんな ことを かんさつして いるかな。

ものしりメモ
トマトは、なすの　なかまの　やさいなんだ。ほかには、じゃがいもや　とうがらし、ピーマンも、同じ　なすの　なかまの　やさいだよ。

きほんのワーク

言葉《ば》の 文化《か》② むかしの うたを 読もう
言葉の ひろば① 読書の ひろば①

教科書 上54～61ページ

答え 4ページ

もくひょう
- 「いろはうた」の リズムを たのしもう。
- かたかなで 書く 言葉に ついて しろう。

べんきょうした日　月　日

おわったら シールを はろう

かん字れんしゅうノート10～11ページ

あたらしい 漢字《かん》

◀れんしゅうしましょう。

教科書 56ページ

漢字	読み	画数	ページ
国	コク・くに	8画	56
前	ゼン・まえ	9画	56
絵	エ	12画	57
図	ト・ズ	7画	58

ひつじゅん 1 2 3 4 5

1 漢字の 読み　読みがなを 書きましょう。

① 外国の 言葉《ば》。（　）

② 人の 名前。（　）

③ 絵を 見る。（　）

④ 図書館《かん》へ 行く。（　）

○あたらしく 学ぶ 漢字
●あたらしい 読み方を おぼえる 漢字
◆とくべつな 読み方の 言葉

2 漢字の 書き　漢字を 書きましょう。

① □□（がいこく）の 人。

② □（え）を かく。

3 言葉の 文化② むかしの うたを 読もう

「いろはうた」を 読んで、こたえましょう。

いろは(ワ)にほ(オ)へ(エ)と(ド)　ちりぬるを
わか(ガ)よたれそ(ゾ)　つねならむ(ン)
うゐ(イ)のおくやま　けふ(キョウ)こえて
あさきゆめみし(ジ)　ゑ(エ)ひ(イ)もせす(ズ)

1 「いろはうた」に つかわれて いる かなは、何文字《もじ》ですか。漢数字で こたえましょう。

（　　　）文字

2 今は　つかわれて　いない　文字は、どれですか。二つを　○で　かこみましょう。

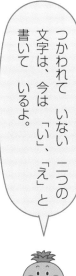

★ **言葉の　ひろば①　かたかなで　書く　言葉**

4 つぎの　絵を　あらわす　文に　なるように、□に　あう　言葉を　かたかなで　書きましょう。

□□□と□□□□で□□□□□を　たべる。

5 つぎの　①〜④のような　言葉は、かたかなで　書きます。あう　言葉を　□から　二つずつ　えらんで、かたかなで　書きましょう。

① 外国から　入って　きた　言葉　（　　）（　　）

② 外国の、地名や　人の　名前　（　　）（　　）

③ どうぶつの　なき声　（　　）（　　）

④ いろいろな　音　（　　）（　　）

けろけろ	えじそん
ちゃりん	ぽすと
がたがた	ふらんす
わんわん	ぴざ

ものしりメモ　とちぎけんの　日光《にっこう》と　いう　ところには、「いろはざか」と　いう　さか道が　あるよ。「いろはうた」の　さいごに　一文字　「ん」を　たした　数の　カーブが　あるんだよ。

まとめのテスト

すみれと あり
言葉《ば》の ひろば① かたかなで 書く 言葉

教科書 上42〜57ページ
答え 5ページ

時間 20分

とく点 /100点

おわったら シールを はろう

べんきょうした日 月 日

1 文章《しょう》を 読んで、こたえましょう。

ありが、地面《めん》に おちて いる すみれの たねを 見つけました。よく 見ると、たねには、白い かたまりが ついて います。

ありは、その たねを 自分の すの 中へ はこんで いきます。

しばらくすると、ありは、せっかく はこんだ たねを すの 外に すてて います。すてられた たねからは、もともと ついて いた 白い かたまりが、なくなって います。

どうやら、たねの 白い ところだけが ほしいようです。

すみれは、なかまを ふやす ために、いろいろな

2 「どうやら、たねの 白い ところだけが ほしいようです。」と ありますが、どうして そう いえるのですか。 一つ10〔20点〕

すてられた（　　）から、もともと ついて いた（　　）が なくなって いるから。

3 よく出る● すみれが、いろいろな ばしょに めを 出そうと するのは、なぜですか。〔15点〕

（　　）ため。

4 すみれが、自分で たねを とばせるのは、どこまでですか。〔10点〕

（　　）の 地面。

ことばの いみ プラス
12行 どうやら…どうも。何となく。
26行 石がき…大きな 石を つみかさねて、かべのように した もの。

ばしょに　めを　出そうと　します。しかし、自分では、たねを　近くの　地面にしか、とばす　ことが　できません。そこで、すみれは、ありの　すきな　白い　かたまりを　たねに　つけて、いろいろな　ばしょに　はこんで　もらうのです。

　ありの　すは、地面だけで　なく、コンクリートの　われ目や、高い　石がきにも　あります。そのため、ありが　はこんだ　すみれの　たねは、そのような　ばしょでも　めを　出し、花を　さかせて　いるのです。

〈『すみれとあり』（矢間　芳子　作）（福音館書店刊）に　よる〉

1　ありは、何の　たねを　見つけましたか。〔10点〕

（　　　　）の　たね。

5　よく出る●　すみれが　「ありの　すきな　白い　かたまり」を　たねに　つけて　いるのは、なぜですか。（一つに　○を　つけましょう。）〔10点〕

ア（　）ありに　花を　たべられない　ため。

イ（　）ありに　たねを　まもって　もらう　ため。

ウ（　）ありに　たねを　はこんで　もらう　ため。

チャレンジ!

6　すみれの　たねが、いろいろな　ばしょで　めを　出し、花を　さかせて　いるのは、なぜですか。一つ5〔15点〕

（　　　　）が、地面だけで　なく、

（　　　　）の　われ目や、高い

（　　　　）にも　あるから。

2　――の　言葉《ば》の　中から、かたかなで　書く　言葉を　二つ　見つけて、かたかなで　書きましょう。一つ10〔20点〕

●　げんかんの　どあを　こんこんと　たたく。

（　　　　）　（　　　　）

ものしりメモ　しょくぶつが　たねを　ちらす　ほうほうは、いろいろ　あるよ。かぜに　はこばせたり、どうぶつの　からだに　くっつけたり　する　ほうほうも　あるんだ。

きほんのワーク

「生きものクイズ」で しらせよう

教科書 上62～65ページ
答え 5ページ

べんきょうした日 月 日

もくひょう
●図書館《かん》での 本の さがし方を おさえよう。
●せつめいの しかたに 気を つけて、クイズを 作ろう。

おわったら シールを はろう

かん字れんしゅうノート11ページ

あたらしい 漢字《かん》

◀れんしゅうしましょう。

教科書	漢字	読み	画数	ひつじゅん
62ページ	作	サク サ つくる	7画	ノ イ イ' 𠂉 作 作 作
63	週	シュウ	11画	丿 月 円 円 用 周 周 周 凋 调 週
63	間	カン ケン あいだ ま	12画	丨 冂 門 門 門 間
64	答	トウ こたえる こたえ	12画	𠂉 𥫗 竹 竺 笑 答 答

ひつじゅん 1 2 3 4 5

1 漢字の 読み 読みがなを 書きましょう。

○あたらしく 学ぶ 漢字
●あたらしい 読み方を おぼえる 漢字
◆とくべつな 読み方の 言葉

① クイズを ○作る。（　　る）
② 一○週○間。（　　）
③ もんだいと ○答え。（　　え）

おくりがなにも ちゅういして 漢字を おぼえよう。

2 漢字の 書き 漢字を 書きましょう。

① 文を □《つく》る。
② □□□《いっしゅうかん》の 天気。
③ □《こた》えを 出す。

☆「生きものクイズ」で しらせよう

3 クイズに したい 生きものに ついて、本で くわしく しらべる ことに しました。本の どこを 見ると、だいたいの ないようが わかりますか。

（一つに ○を つけましょう。）

ア（　）本の 目次《じ》。
イ（　）本の だいめい。
ウ（　）書いた 人の しょうかい。

4 クイズの 作り方に ついて 話しあって います。その 話しあいを 読んで、答えましょう。

「せつめい」は どのように 書けば いいかな。

「ありが、たねを はこぶ。」のように「何が」「どう する」に 気を つけて 書くと いいよ。

1 クイズの「せつめい」は どんな ことに 気を つけて 書くと よいですか。

「（　　）」「（　　）」に 気を つけて 書く。

---

5 生きものに ついて 本で しらべて、三たくクイズを 作りました。本の ないようと クイズを 読んで、 1 ・ 2 に 入る 言葉《ば》を 書きましょう。

【本の ないよう】

かばは、赤い あせのような ものを ながします。この あせのような もので、かばは、からだが かわくのを ふせいで います。

【三たくクイズ】

もんだい	かばは、色の ついた あせのような ものを ながします。その 色は、赤、青、黄色の うち、どれでしょうか。
答え	せいかいは、 1 です。
せつめい	この あせのような もので、かばは、 2 のを ふせいで います。

1 …（　　）

2 …（　　）

ものしりメモ　かばも にんげんも 「ほにゅうるい」と いう なかまだから、あせを かくんだよ。でも、同じ ほにゅうるいでも、くじらなどは ほとんど あせを かかないんだ。

きほんのワーク

漢字《かん》の ひろば② なかまの 言葉《ば》と 漢字
言葉の ひろば② 「言葉のなかまさがしゲーム」を しよう

教科書 上66～70ページ

答え 5ページ

べんきょうした日 月 日

もくひょう

●なかまの 言葉や 漢字を あつめよう。

●いろいろな 言葉を なかまに 分けて みよう。

かん字れんしゅうノート12～13ページ

おわったら シールを はろう

あたらしい 漢字《かん》

◀れんしゅうしましょう。

教科書ページ

ひつじゅん 1 2 3 4 5

教科書ページ	漢字	読み	画数	ひつじゅん
66	昼	チュウ ひる	9画	⼀ ⼫ 尸 尺 尽 昼 昼 昼
66	夜	ヤ よ よる	8画	亠 广 疒 夜 夜 夜
66	親	シン おや したしい したしむ	16画	亠 立 辛 亲 新 親 親
66	兄	キョウ あに	5画	丨 口 口 尸 兄
66	父	フ ちち	4画	ノ ハ ク 父
66	母	ボ はは	5画	𠃋 口 口 日 母
66	姉	あね	8画	𡿨 女 女 女 姉 姉 姉
66	弟	ダイ おとうと	7画	丶 丷 丷 丷 弟 弟 弟
66	妹	いもうと	8画	𡿨 女 女 女 妹 妹 妹
67	万	マン	3画	一 ㇇ 万
67	語	ゴ かたる	14画	丶 言 訂 訂 語 語 語
67	算	サン	14画	ノ ⺮ 竹 笞 算 算 算
67	海	カイ うみ	9画	丶 氵 汁 汇 海 海 海
67	内	ナイ うち	4画	丨 冂 内 内
70	夏	カ なつ	10画	一 丆 丙 百 百 頁 夏 夏

「母」の 点の むきに ちゅういしよう。

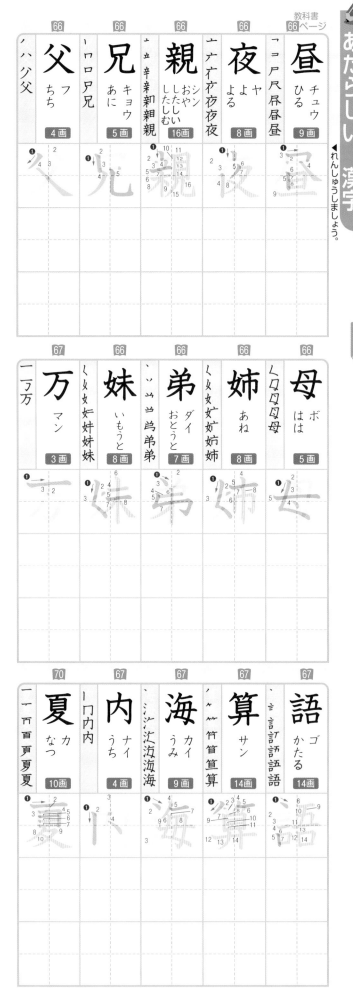

1 漢字の 読み

読みがなを 書きましょう。

○あたらしく 学ぶ 漢字
●あたらしい 読み方を おぼえる 漢字
◆とくべつな 読み方の 言葉

① ○昼と ○夜。（　　）（　　）

② ○親と 子。（　　）

③ ○兄と ○弟。（　　）（　　）

④ ○父と ○母。（　　）（　　）

⑤ ○姉と ○妹。（　　）（　　）

⑥ 一○万円。（　　）

⑦ 国○語の じゅぎょう。（　　）

⑧ ○海で およぐ。（　　）

2 漢字の 書き

漢字を 書きましょう。

① □《ひる》ごはん。

② きのうの □《よる》。

③ □□《さんすう》を 学ぶ。

④ □《うみ》に いく。

⑤ □《うち》がわの 線。

⑥ □《なつ》の 虫。

☆3 漢字の ひろば② なかまの 言葉《ば》と 漢字

つぎの □に あう 「かぞく」を あらわす 漢字を、□から えらんで 書きましょう。

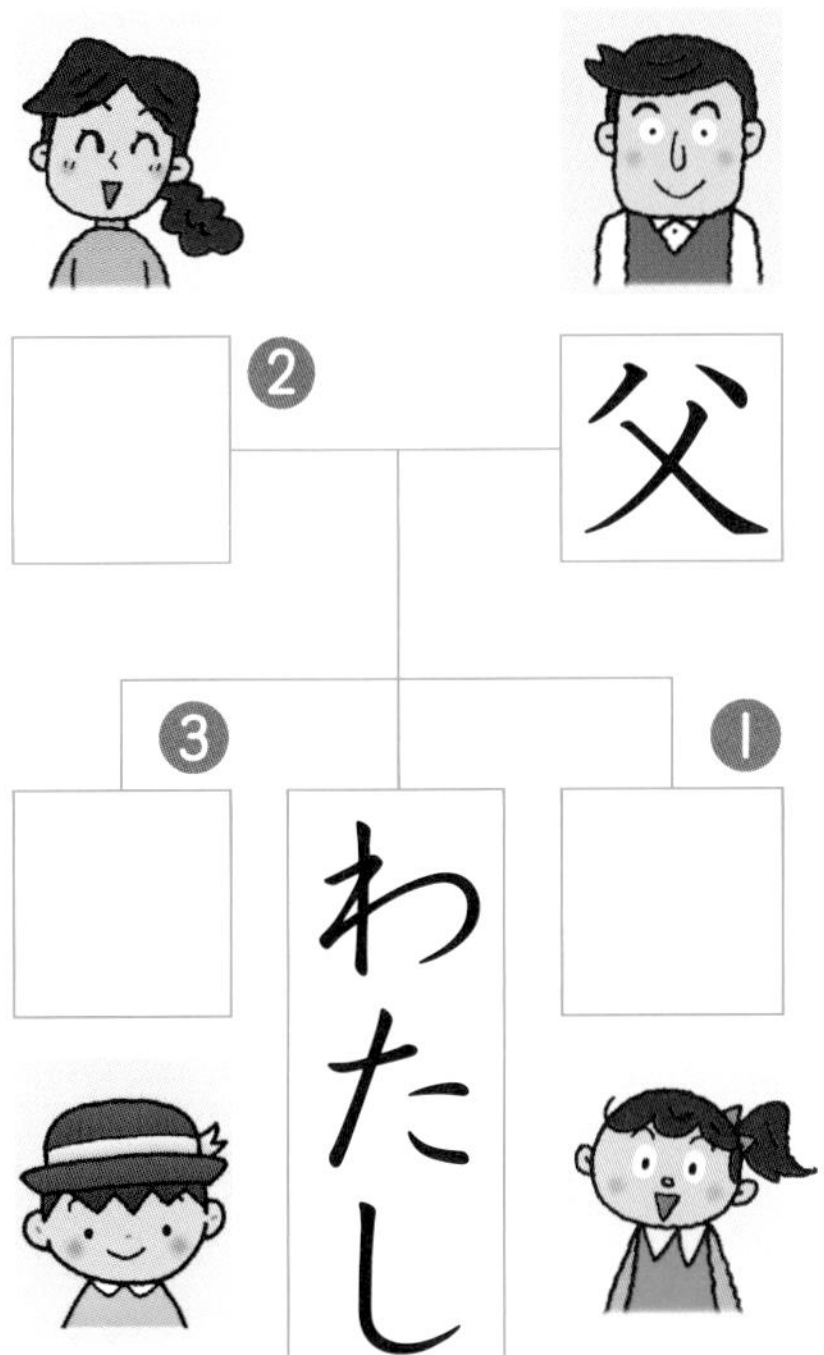

弟 母 姉

☆4 言葉の ひろば② 「言葉のなかまさがしゲーム」を しよう

つぎの 言葉の 中から、なかまでは ない 言葉を 一つ えらんで 書きましょう。

① たこ・犬・えび・まぐろ（　　）

② うれしい・かなしい・赤い・たのしい（　　）

ものしりメモ

いるかは、海の 生きものだけれど、さかなでは ないんだよ。また、ペンギンは 空を とばないけれど、とりの なかまなんだ。

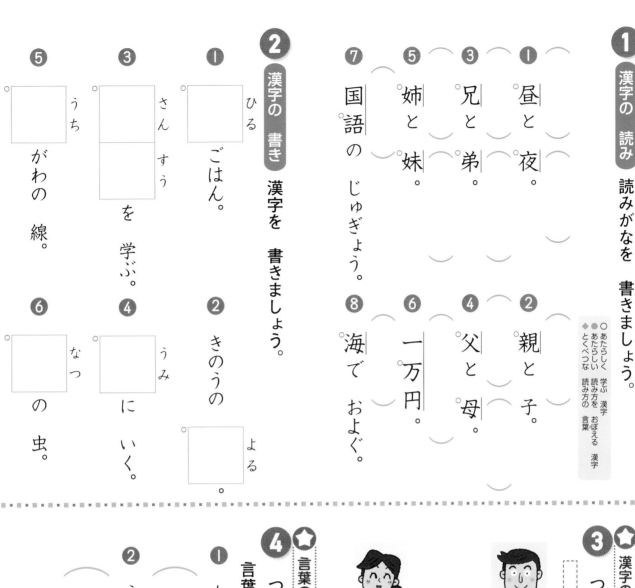

きほんのワーク

きつねの おきゃくさま

教科書 ㊤72～87ページ

答え 6ページ

べんきょうした日 月 日

もくひょう

●くりかえしに 気を つけて、とうじょう人物の 様子や ばめんの うつりかわりを 読みとろう。

おわったら シールを はろう

あたらしい 漢字《かん》

◀れんしゅうしましょう。 ひつじゅん 1 2 3 4 5

教科書72ページ

ページ	漢字	読み	画数	書きじゅん
72	考	コウ かんがえる	6画	一 十 土 耂 耂 考
72	太	タイ タ ふとい ふとる	4画	一 ナ 大 太
73	丸	ガン まる まるい まるめる	3画	ノ 九 丸
73	心	シン こころ	4画	丶 心 心 心
75	切	セツ きる	4画	一 七 切 切
75	行	コウ ギョウ いく ゆく おこなう	6画	ノ 彳 彳 行 行 行
86	場	ジョウ ば	12画	一 ± 坦 坦 坦 場 場
86	楽	ガク ラク たのしい たのしむ	13画	丿 白 白 泊 泊 泊 楽
86	才	サイ	3画	一 十 才

かん字れんしゅうノート14～15ページ

1 漢字の 読み

読みがなを 書きましょう。

① よく 考える。 (　　)える

② ひよこが 太る。 (　　)る

③ 兄さん (　　)さん

④ 心の 中。 (　　)

⑤ 木の 切りかぶ。 (　　)りかぶ

⑥ 親切な きつね。 (　　)

⑦ 父さんと 母さん。 (　　)さん (　　)さん

⑧ 音楽の 才。 (　　) (　　)

○あたらしく 学ぶ 漢字
●あたらしい 読み方を おぼえる 漢字
◆とくべつな 読み方の 言葉

3 言葉《ば》の いみ

——の いみに あう ほうに、○を つけましょう。

① 77ページ うっとりする。

ア(　)気持ちが よくて ぼうっと する 様子《よう》。

イ(　)目が 回って ぼうっと する 様子。

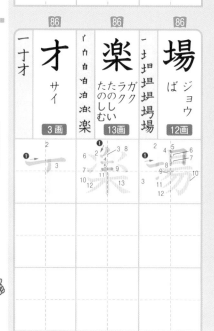

2 漢字の 書き

漢字を 書きましょう。

1 気持《も》ちを □《かんが》える。

2 ねこが □《ふと》る。

3 目を □《まる》く する。

4 さんぽに □《い》く。

5 すな□《ば》で あそぶ。

6 □□《おんがく》を きく。

ないようを つかもう!

☆ きつねの おきゃくさま

「きつねの おきゃくさま」の あらすじを まとめます。じゅんばんに なるように、2〜4を 書きましょう。

教科書 72〜83ページ

2 (79) きぜつしそうに なる。

ア（　）げんきに なる こと。

イ（　）気を うしなう こと。

3 (80) ゆうきが わく。

ア（　）何ごとも おそれない、つよい 気持ち。

イ（　）人に たよろうと する、よわい 気持ち。

4 言葉の ちしき

（　）に あう 言葉を □から えらんで、書きましょう。

1 （　　）と わらう。

2 （　　）と ふるえる。

3 （　　）と たべる。

がぶり
にやり
ぶるる

ものしりメモ　きつねは、きたぐにから さばくまで、いろいろな ところに すんで いるよ。さむい ところの きつねは 耳が 小さくて、あつい ところの きつねは 耳が 大きいんだ。

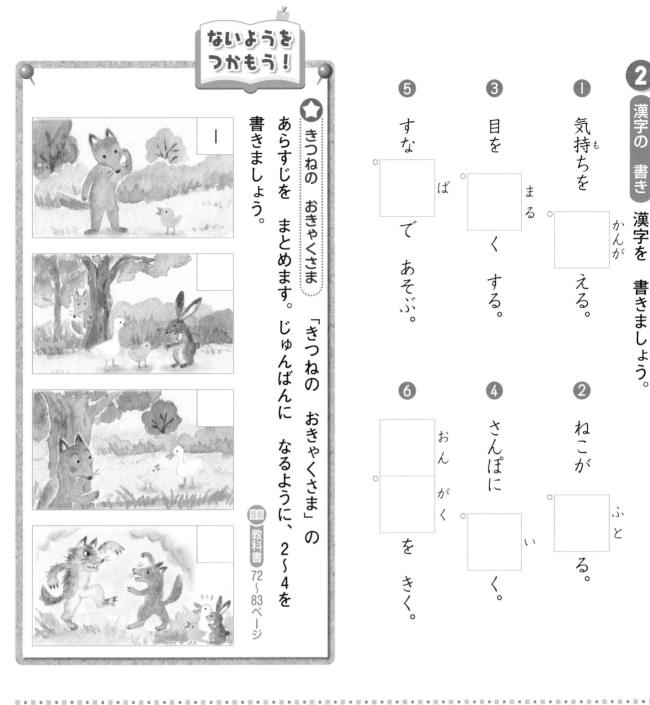

れんしゅうのワーク①

きつねの おきゃくさま

教科書 ㊤72～87ページ
答え 6ページ

できるナビ
●きつねと ひよこの 会話と 様子から、二人の 気持《も》ちを 読みとろう。

べんきょうした日 月 日

おわったら シールを はろう

文章《しょう》を 読んで、答えましょう。

はらぺこきつねが あるいて いると、やせた ひよこが やって きた。がぶりと やろうと 思ったが、やせて いるので 考えた。太らせてから たべようと。

そうとも。よく ある、よく ある ことさ。

「やあ、ひよこ。」

「やあ、きつねお兄ちゃん。」

「お兄ちゃん？ やめて くれよ。」

きつねは、ぶるると みぶるいした。

でも、ひよこは 目を 丸く して 言った。

「ねえ、お兄ちゃん。どこかに いい すみか、ないかなあ。こまってるんだ。」

1 よく出る● きつねは、ひよこが やせて いるのを 見て、どう しようと 思いましたか。

すぐに がぶりと しなかったのは どうしてかな。

（　　　　　）から たべよう。

2 ひよこは、きつねの ことを 何と よびましたか。

（　　　　　）

3 「どこかに いい すみか、ないかなあ。」と ひよこに 聞かれた とき、きつねは どう しましたか。

にやりと （　　　　　）で （　　　　　）。

ことばのいみ プラス
1行 はらぺこ…おなかが すいて いる 様子《よう》。 11行 みぶるい…からだが ふるえる こと。 22行 せりふ…言葉。言い方。

きつねは、心の　中で　にやりと　わらった。
「よし　よし、おれの　うちに　きなよ。」
すると、ひよこが　言ったとさ。
「きつねお兄ちゃんって、やさしいねえ。」
「やさしい？　やめて　くれったら、そんな
せりふ。」
でも、きつねは、生まれて
はじめて「やさしい」なんて
言われたので、
すこし　ぼうっと　なった。
ひよこを　つれて
かえる　とちゅう、
「おっとっと、おちつけ
おちつけ。」
切りかぶに　つまずいて、
ころびそうに　なったとさ。
きつねは、ひよこに、それは　やさしく
たべさせた。そして、ひよこが　「やさしい
お兄ちゃん」と　言うと、ぼうっと　なった。

〈あまん　きみこ「きつねの　おきゃくさま」に　よる〉

4 「やめて　くれったら、そんな　せりふ。」と　ありますが、その　とき　きつねは　どんな　気持《も》ちでしたか。（一つに　○を　つけましょう。）

ひよこの　言葉《ば》を　聞いて、きつねは　どう　思ったか　読みとろう。

ア（　）はずかしいけれど、ちょっと　うれしい。
イ（　）いやなので、すぐに　やめて　ほしい。
ウ（　）もっと　かっこいい　せりふが　いい。

5 よく出る● 「すこし　ぼうっと　なった」と　ありますが、きつねは、何と　言われて　ぼうっと　なりましたか。

（　　　　　　　　　　）

6 「ひよこに、それは　やさしく　たべさせた」と　ありますが、それから、きつねは　どんな　気持《も》ちに　なりましたか。

ア（　）ひよこを、今すぐ　たべたいな。
イ（　）ひよこの　話には、だまされないぞ。
ウ（　）ほめられて　気持ちが　いいな。

きつねが、ひよこの　言葉で　ぼうっと　なったのは　どうしてかな？

ものしりメモ 「きつねの　おきゃくさま」を　書いた　あまん　きみこさんは、1931年生まれの　さっかだよ。「ちいちゃんの　かげおくり」など、たくさんの　お話を　書いて　いるんだ。

れんしゅうのワーク 2

きつねの おきゃくさま

教科書 上72～87ページ

答え 6ページ

できるナビ
●きつねと ひよこたちが、おたがいに どう 思って いるのかを 読みとろう。

べんきょうした日 月 日

おわったら シールを はろう

文章《しょう》を 読んで、答えましょう。

ある 日、ひよこが、さんぽに 行きたいと 言い出した。

――はあん。にげる 気かな。

きつねは、そうっと ついて いった。

ひよこが 春の うたなんか うたいながら あるいて いると、やせた あひるが やって きたとさ。

「やあ、ひよこ。どこかに いい すみかは ないかなあ。こまってるんだ。」

「あるわよ。きつねお兄ちゃんちよ。あたしと

1 よく出る 「ひよこが、さんぽに 行きたいと 言い出した」と ありますが、これを 聞いて、きつねは どう 思い、どう しましたか。

ひよこが （　　　　）かなと 思い、そうっと （　　　　）。

きつねの 心の 中の 言葉を 読みとろう。

2 ひよこは、あひるに、だれの いえに いっしょに 行こうと 言いましたか。

（　　　　）お兄ちゃんの いえ。

3 書いてみよう! 「がぶりと やられるよ。」と ありますが、あひるは、きつねに どう されると 思って いますか。考えて 書きましょう。

きつねに （　　　　）。

ことばのいみ プラス
3行 はあん…何かが わかった ときに つかう 言葉。
17行 とうんでもない…とんでもない。とてもじゃ ないが、考えられない。

いっしょに　行きましょ。」

「きつね？　とうんでもない。がぶりと　やられるよ。」

と、あひるが　言うと、ひよこは　くびを　ふった。

「ううん。きつねお兄ちゃんは、とっても　親切なの。」

それを　かげで　聞いた　きつねは、うっとりした。そして、「親切な　きつね」と　いう　言葉《ば》を、五回も　つぶやいたとさ。

さあ、そこで　いそいで　うちに　かえると、まって　いた。

　きつねは、ひよこと　あひるに、それは　親切だった。そして、二人が　「親切な　お兄ちゃん」の　話を　して　いるのを　聞くと、ぼうっと　なった。

〈あまん　きみこ「きつねの　おきゃくさま」に　よる〉

4 よく出る● ひよこは、きつねの　ことを　あひるに　どう　言って　いますか。

「とっても（　　　　　）なの。」

5 **4**の　言葉を　聞いた　きつねは、どう　なって、何を　しましたか。

（　　　　　）して、「親切な　きつね」と　いう　言葉を、

（　　　　　　　　　　　　）。

6 「『親切な　お兄ちゃん』の　話を　して　いる」とき、ひよこと　あひるは、きつねに　たいして　どんな　ふうに　思って　いますか。

（一つに　○を　つけましょう。）

ア（　）とても　おそろしく　思って　いる。

イ（　）とても　ありがたく　思って　いる。

ウ（　）とても　さびしく　思って　いる。

きつねは、ひよこと　あひるに　とても　親切だったんだね。

ものしりメモ　ひよこの　くちばしには、たまごから　かえる　ときに　からを　やぶる　ための、小さな　はが　ついて　いるよ。たまごから　かえって　数日　たつと　とれて　しまうんだ。

べんきょうした日　月　日

きほんのワーク

言葉《ば》の 文化《か》③ いなばの しろうさぎ
言葉の ひろば③ うれしく なる 言葉

教科書 上88～93／128～131ページ
答え 7ページ

もくひょう
●うさぎが したかった ことと、そのために うさぎの ついた うそを 読みとろう。
●相《あい》手が うれしく なる 言葉を 考えよう。

かん字れんしゅうノート15ページ

おわったら シールを はろう

あたらしい 漢字《かん》

◀れんしゅうしましょう。

教科書ページ	漢字	読み	画数	ひつじゅん
90	合	ゴウ ガッ カッ あう	6画	ノ 𠆢 亼 仒 合 合
90	時	ジ とき	10画	日 日 日十 旪 旪 時 時
90	元	ゲン ガン もと	4画	一 二 テ 元

ひつじゅん 1 2 3 4 5

「元」の さいごは、上に むかって はねるよ。

1 漢字の 読み　読みがなを 書きましょう。

○あたらしく 学ぶ 漢字
●あたらしい 読み方を おぼえる 漢字
◆とくべつな 読み方の 言葉

① しょうかいし○合う。（　）
② ころんだ ○時。（　）
③ ○元気が 出る。（　）
④ 写《しゃ》生会の ●時間。（　）
⑤ ◆上手に 絵を かく。（　）

2 漢字の 書き　漢字を 書きましょう。

① 話し ○[　]《あ》う。
② ○[　]《とき》が たつ。
③ ○[　][　]《げんき》な 声。
④ 休み ●[　][　]《じかん》。

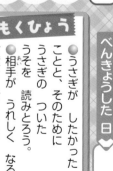

★ 言葉《ば》の 文化③ いなばの しろうさぎ

3 文章《しょう》を 読んで、答えましょう。

ぼくは、むこうに 見える おきのしまに すんで いる うさぎです。なんとか して、海を わたって この 国へ 来《き》たい ものだと 思って いたんですが、ぼく、およげないんですよ。すると、めいあんが うかびました。わにの やつを だまして やろうと 考えたんです。

ぼくは、わにに 言って やりました。

「わにくん、この しまに いる ぼくたち うさぎと、きみたち 海に いる わにと、どっちが 数が 多《おお》いと 思う？」

「さあ、わからないね。」

と、わにが 答えました。

「きみたちは、海の 間を ずうっと 一列《れつ》に ならんで ごらん。そう したら、ぼくが きみたちの せなかを ふんで、一つ、二つ、と 数えて みよう。

ぼくは、数えるのは うまいんだ。」

〈ふくなが たけひこ「いなばの しろうさぎ」に よる〉

1 よく出る● うさぎは、どう したいと 思って いましたか。

（　　　　）を わたって この（　　　　）へ 来たい ものだと 思って いた。

2 「めいあんが うかびました」と ありますが、「めいあん」とは どんな ことですか。（一つに ○を つけましょう。）

ア（　）ふねを つくって 海を わたる こと。

イ（　）わにに たのんで 海を わたる こと。

ウ（　）わにを だまして 海を わたる こと。

★ 言葉の ひろば③ うれしく なる 言葉

4 二人が 絵を ほめて います。②は、①と くらべて、どのように ほめて いますか。

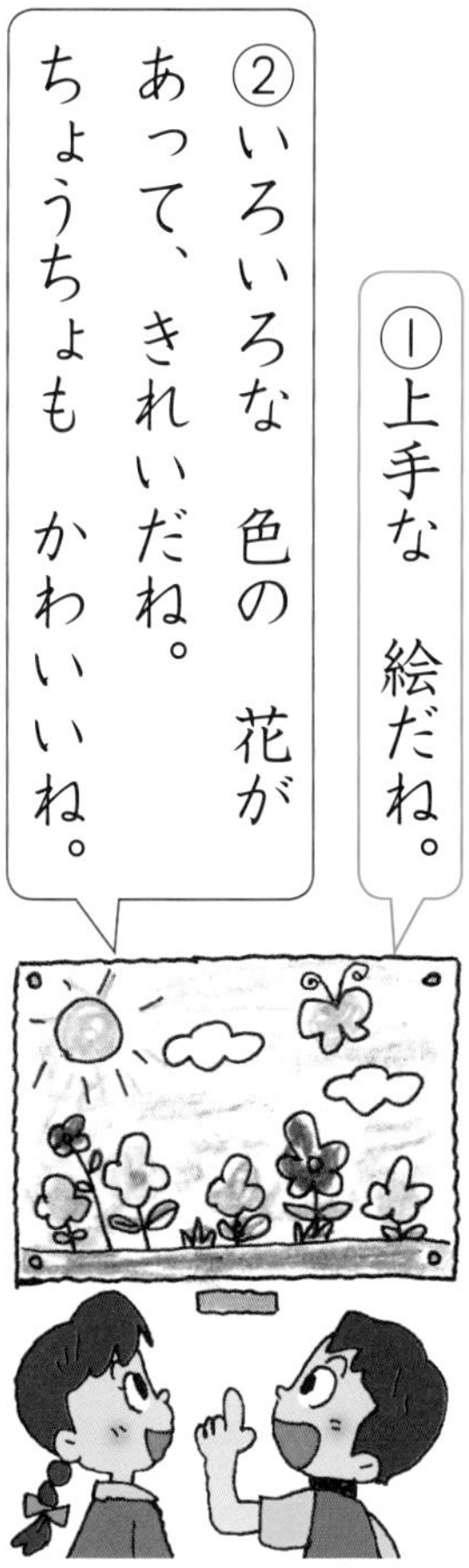
①上手な 絵だね。
②いろいろな 色の 花が あって、きれいだね。ちょうちょも かわいいね。

ア（　）みじかい 言葉で ほめて いる。

イ（　）よくない ところも 言って いる。

ウ（　）どこが よいか、くわしく 言って いる。

ものしりメモ　「いなばの しろうさぎ」が のって いる 「古事記《こじき》」は、日本で いちばん ふるい れきしの 本だよ。日本の かみさまの お話が たくさん のって いるんだ。

まとめのテスト

きつねの おきゃくさま

教科書 ㊤72～87ページ
答え 7ページ

べんきょうした日 月 日

時間 20分

とく点 /100点

おわったら シールを はろう

文章《しょう》を 読んで、答えましょう。

そこで、きつねは、ひよこと あひると うさぎを、そうとも、かみさまみたいに そだてた。そして、三人が「かみさまみたいな お兄ちゃん」の 話を して いると、ぼうっと なった。

うさぎも、まるまる 太って きたぜ。

ある 日。くろくも山の おおかみが 下りて きたとさ。

「こりゃ、うまそうな においだねえ。ふん ふん、ひよこに、あひるに、うさぎだな。」

「いや、まだ いるぞ。きつねが いるぞ。」

言うなり、きつねは とび出した。

1 きつねは、だれを そだてましたか。三人 書きましょう。 一つ5〔15点〕

（　　　）（　　　）（　　　）

2 「こりゃ、うまそうな においだねえ。」と 言って いるのは、だれですか。〔15点〕

（　　　）

3 よく出る 「いや、まだ いるぞ。きつねが いるぞ。」と 言った とき、きつねは どんな 気持《も》ちでしたか。（一つに ○を つけましょう。）〔10点〕

ア（　）きつねだって うまそうな においだぞ。
イ（　）きつねが お前を おいかえして やるぞ。
ウ（　）きつねを わすれるなんて、ゆるせないぞ。

ことばのいみ プラス
19行 じつに…本当《とう》に。 19行 いさましい…何ごとも おそれない 様《よう》子。
33行 ゆうかん…ゆうきが あって、いさましい 様子。

きつねの　からだに、ゆうきが　りんりんと
わいた。
おお、たたかったとも、たたかったとも。
じつに、じつに、いさましかったぜ。
そして、おおかみは、とうとう　にげて
いったとさ。

その　ばん。
きつねは、はずかしそうに
わらって　しんだ。

まるまる　太った、ひよこと
あひると　うさぎは、にじの
森に、小さい　おはかを
作った。
そして、せかい一　やさしい、
親切な、かみさまみたいな、
そのうえ　ゆうかんな
きつねの　ために、なみだを
ながしたとさ。
とっぴん　ぱらりの　ぷう。

〈あまん　きみこ「きつねの　おきゃくさま」に　よる〉

4 おおかみと　たたかう　きつねは、どんな
様子《よう》でしたか。〔20点〕

じつに、（　　　　）ぜ。

5 よく出る● おおかみと　たたかった　ばん、きつねは、
どう　なりましたか。一つ10〔20点〕

（　　　　）に
（　　　　）しんだ。

チャレンジ!
6 ひよこと　あひると　うさぎは、きつねの
ことを、どう　思って　いましたか。合う　もの
ぜんぶに　○を　つけましょう。ぜんぶできて〔20点〕

ア（　）せかい一　やさしい。
イ（　）いじが　わるい。
ウ（　）親切。
エ（　）かみさまみたい。
オ（　）ゆうかん。

ものしりメモ
「とっぴん　ぱらりの　ぷう」は、むかし話の　おわりに　つかわれる　言葉《ば》で、「お話は
これで　おしまい」と　いう　ことを　あらわして　いるんだよ。

べんきょうした日　月　日

きほんのワーク

話したいな、聞きたいな、夏休みのこと
てんとうむし

教科書 上96～99ページ
答え 7ページ

もくひょう
●じゅんじょに気をつけて話そう。
●しに書かれていることを読みとり、あじわおう。

おわったらシールをはろう

かん字れんしゅうノート16ページ

あたらしい漢字《かん》

◀れんしゅうしましょう。

教科書96ページ

組　ソ　くむ　くみ　11画

ひつじゅん　1　2　3　4　5

「且」の書きじゅんや、形に気をつけよう。さいごのよこぼうをながく書くよ。

1 漢字の読み　読みがなを書きましょう。

○あたらしく学ぶ漢字
●あたらしい読み方をおぼえる漢字
◆とくべつな読み方の言葉

(1) ○組（　　み）み立てる。

2 漢字の書き　漢字を書きましょう。

(1) うでを○□《く》む。

3 ☆ 話したいな、聞きたいな、夏休みのこと

夏休みにしたことを話します。じゅんばんになるように、（　）に2～5を書きましょう。

（1）これから、わたしの夏休みのことを話します。

（　）まず、たまごとさとうをまぜました。つぎに、そこにあたためた生クリームとぎゅうにゅうを入れてまぜました。さいごに、れいとうこでひやしました。

（　）これで、わたしの話をおわります。

（　）とてもおいしくて、つぎはチョコレートやくだものを入れて作ってみたいと思いました。

（　）わたしは、夏休みに、お母さんとアイスクリームを作りました。

しを読んで、答えましょう。

てんとうむし

かわさき ひろし

いっぴきでも
てんとうむしだよ
ちいさくても
ぞうと　おなじ　いのちを
いっこ　もっている
ぼくを　みつけたら
こんにちはって　いってね
そしたら　ぼくも
てんとうむしの　ことばで
こんにちはって　いうから
きみには　きこえないけど

1 よく出る● てんとうむしは、ちいさくても何をもっていますか。

ぞうとおなじ（　　　）を
（　　　）もっている。

2 「ぼくを　みつけたら／こんにちはって　いってね」について、答えましょう。

(1) 「こんにちは」といわれたら、てんとうむしはどうするといっていますか。

（　　　）のことばで
（　　　）っていう。

(2) 「こんにちは」といわれたら、てんとうむしはどんな気持《も》ちになると思いますか。考えて書きましょう。

書いてみよう！

（　　　）気持ち。

ものしりメモ
てんとうむしには、からだについている星のもようの数によって名前がつけられたものもあるよ。「ニジュウヤホシテントウ」は、星のもようが28こもついているんだ。

きほんのワーク

漢字《かん》のひろば③ 二つの漢字でできている言葉《ば》
一年生で学んだ漢字②

教科書 上100～102ページ
答え 8ページ

べんきょうした日 月 日

もくひょう
●二つの漢字でできている言葉のいみを考えよう。
●一年生で学んだ漢字をつかえるようになろう。

かん字れんしゅうノート16～17ページ

おわったらシールをはろう

新しい漢字《かん》

▼れんしゅうしましょう。 ひつじゅん 1 2 3 4 5

教科書ページ	漢字	読み	画数
100	新	シン あたらしい あらた にい	13画
100	牛	ギュウ うし	4画
100	鳥	チョウ とり	11画
101	市	シ いち	5画
101	弓	ゆみ	3画
101	毛	モウ け	4画
101	電	デン	13画
101	矢	や	5画
101	古	コ ふるい ふるす	5画
101	門	モン	8画
101	光	コウ ひかる ひかり	6画

1 漢字の読み　読みがなを書きましょう。

○新しく学ぶ漢字
●新しい読み方をおぼえる漢字
◆とくべつな読み方の言葉

① 新年のあいさつ。（　　）

② 子牛をそだてる。（　　）

③ 朝市に行く。（　　）

④ 弓と矢。（　　）（　　）

⑤ 毛糸のぼうし。（　　）

⑥ 電車にのる。（　　）

⑦ 古い本。（　い）

⑧ 月の光。（　　）

２ 漢字の書き　漢字を書きましょう。

① □□《おやどり》がとぶ。

② けいたい□《でん》話。

③ □□《ゆみや》を作る。

④ □《もん》をあける。

３ ☆ 漢字《かん》のひろば③　二つの漢字でできている言葉《ば》

れいにならって、つぎの言葉のいみを書きましょう。

れい　前日（　前の日　）

① 兄弟（　　　）

② 夜空（　　　）

③ 白馬（　　　）

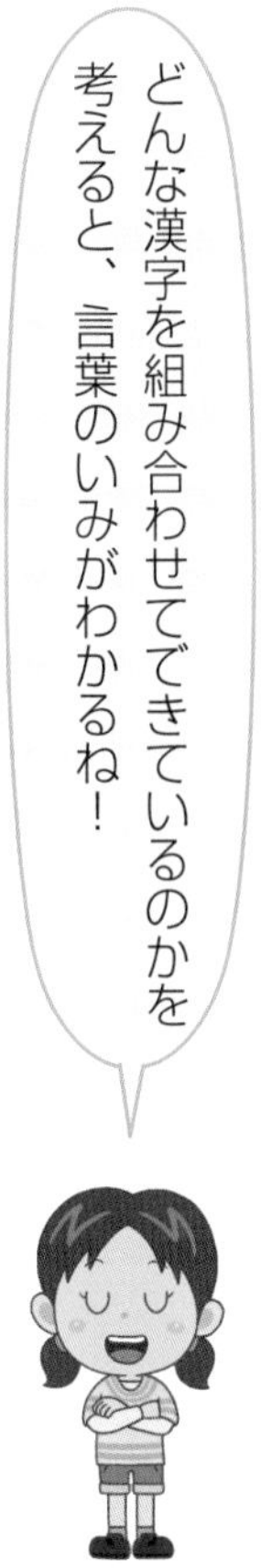

どんな漢字を組み合わせてできているのかを考えると、言葉のいみがわかるね！

４ れいにならって、二つの漢字でできた言葉を作りましょう。

れい　大きな木 → 大木

① 同じ時 → □□

② 小さな鳥 → □□

③ 日の光 → □□

５ 一年生で学んだ漢字②　漢字を書きましょう。

① □《たけ》馬にのる。

② □《ちから》持《も》ちの人。

③ □□《せんえん》さつ。

④ □□《でぐち》にむかう。

ものしりメモ　「こいぬ」「こねこ」などの「こ」を漢字《かん》で書くときに、「子」と書くばあいは「どうぶつの子ども」のことを、「小」と書くばあいは「からだが小さい」ことをあらわすよ。

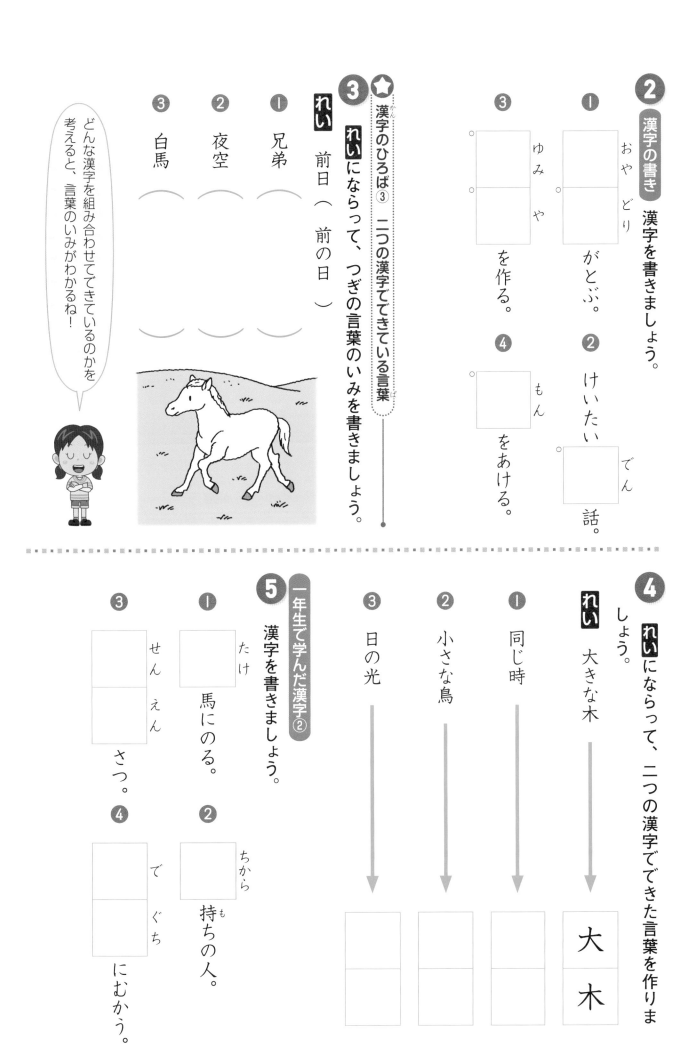

五　登《とう》場人物《ぶつ》が考えていたことをそうぞうしよう

きほんのワーク

わにのおじいさんのたからもの

教科書 上104～117ページ

答え 8ページ

べんきょうした日　月　日

もくひょう
●登場人物がしたことや言ったことから、その人物が考えたことをそうぞうしよう。

おわったらシールをはろう

新しい漢字《かん》

◀れんしゅうしましょう。

ひつじゅん 1 2 3 4 5

かん字れんしゅうノート18ページ

教科書ページ	漢字	読み	画数
105	頭	トウ・ズ・あたま	16画
106	野	ヤ・の	11画
106	体	タイ・からだ	7画
107	半	ハン・なかば	5画
107	長	チョウ・ながい	8画
109	顔	ガン・かお	18画
111	紙	シ・かみ	10画
111	谷	たに	7画
111	岩	ガン・いわ	8画

1 漢字の読み　読みがなを書きましょう。

① はなの頭（　　）。

② 野山（　　）をあるく。

③ 体（　　）のまわり。

④ 半分（　　）ほどうまる。

⑤ 長（　　）いたび。

⑥ 顔（　　）を見る。

⑦ 紙（　　）に書きうつす。

⑧ 岩（　　）あなをくぐる。

○新しく学ぶ漢字
●新しい読み方をおぼえる漢字
◆とくべつな読み方の言葉

3 言葉《ば》のいみ　――のいみに合うほうに、○をつけましょう。

① 108ページ ずいぶんねむっていたらしい。

ア（　）すこしだけ。ちょっと。

イ（　）かなり。だいぶ。

2 漢字の書き

漢字を書きましょう。

1 □《あたま》をあらう。

2 □《からだ》をうごかす。

3 □□《はんぶん》にわる。

4 □《なが》い道のり。

5 □《かみ》で作る。

6 □□《たにがわ》がながれる。

ないようをつかもう！

☆ わにのおじいさんのたからもの

「わにのおじいさんのたからもの」のあらすじをまとめます。じゅんばんになるように、2～4を書きましょう。

教科書 104～113ページ

2 (109) たからものとはえんがない。

ア（　）つながりがふかい。

イ（　）つながりがない。

3 (109) すっとんきょうな声を出す。

ア（　）とつぜんで、ちょうしが外れた様《よう》子。

イ（　）まじめで、おもおもしい様子。

4 (109) しばらく見ていた。

ア（　）すこし長い間。

イ（　）とてもみじかい間。

5 (110) 心おきなくあのよへ行く。

ア（　）心配《ぱい》することなく。

イ（　）どうしていいかわからず。

6 (111) けもの道をよこぎる。

ア（　）けもののにおいがする道。

イ（　）けものが通ってできる道。

ものしりメモ

ほおの木は、山の中に生える、せの高い木だよ。「かぐ」や「げた」、「おわん」などを作るのにつかわれてきたんだ。はっぱは、たべものをつつむのにもつかわれるよ。

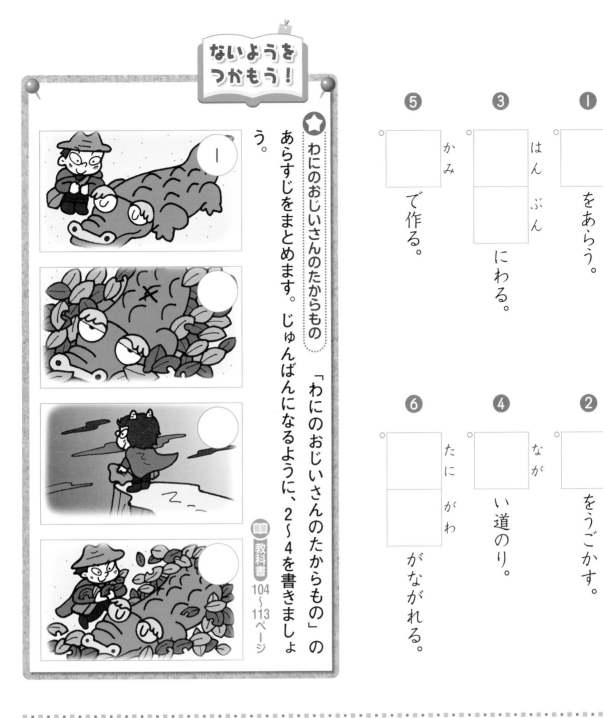

れんしゅうのワーク

わにのおじいさんのたからもの

教科書　㊤104～117ページ

答え　8ページ

べんきょうした日　月　日

できるナビ
●おにの子や、わにのおじいさんの様子《よう》を思いうかべて、したことや言ったことを読みとろう。

おわったらシールをはろう

文章《しょう》を読んで、答えましょう。

「とおいところから、長い長いたびをしてきたものだから、すっかりつかれてしまってね、もう、ここまでくれば安《あん》心だと思ったら、きゅうにねむくなってしまってさ。ずいぶん何時間もねむっていたらしいな。ゆめを九つも見たんだから。」

そう言うと、わには、むあああっと長い口をいっぱいにあけて、あくびをしました。

「あの、わにのおじいさん？　それとも、おばあさんですか？」

「わしは、おじいさんだよ。」

「わにのおじいさんは、どうして、長い長いたび

1　よく出る●　わにのおじいさんは、どうしてねむってしまったのですか。

とおいところから、長い長い（　　　　）をしてきて、すっかり（　　　　）しまい、ここまでくれば安心だと思ったから。

2　わにのおじいさんがここまでやってきたのは、なぜですか。

自分をころして、自分の（　　　　）を（　　　　）がいるので、にげてきたから。

「わし」は、わにのおじいさんが自分のことを言うときの言葉だよ。

ことばのいみ　プラス

16行　おいでになった…「きた」のていねいな言い方。　23行　とんと…とても。
31行　まじまじと…じっと見つめる様子《よう》。

をして、ここまでおいでになったのですか？」

「わしをころして、わしのたからものをとろうとするやつがいるのでね、にげてきたってわけさ。」

おにの子は、たからものというものが、どんなものなのだかしりません。たからものという言葉《ば》さえしりません。

とんとむかしの、そのまたむかし、ももたろうがおにからたからものをそっくりもっていってしまってからというものは、おには、たからものとはぜんぜんえんがないのです。

「きみは、たからものというものをしらないのかい？」

わにのおじいさんは、おどろいて、すっとんきょうな声を出しました。

そして、しばらくまじまじとおにの子の顔を見ていましたが、やがて、そのしわしわくちゃくちゃの顔で、にこっとしました。

「きみに、わしのたからものをあげよう。うん、そうしよう。これで、わしも心おきなくあのよへ行ける。」

〈かわさき ひろし「わにのおじいさんのたからもの」による〉

3 おにの子が、たからものというものをしらないのは、なぜですか。

むかし、（　　　　）がおにからたからものをもっていってしまってから、おには、たからものとはぜんぜん（　　　　）から。

4 「わにのおじいさんは、おどろいて、すっとんきょうな声を出しました。」とありますが、わにのおじいさんがおどろいたのはなぜですか。

（一つに○をつけましょう。）

ア（　）おにの子が、自分のたからものをとろうとしていると思ったから。

イ（　）おにの子が、たからものというものをしらなかったから。

ウ（　）おにの子が、たからものをもっているとわかったから。

5 「そのしわしわくちゃくちゃの顔で、にこっとしました」とありますが、このとき、わにのおじいさんは、どう思いましたか。

自分の（　　　　）を、おにの子に（　　　　）。

ものしりメモ

わにの口には、するどい「は」が生えているね。人間の「は」は、一度《ど》しか生えかわらないけれど、わにの「は」は、何度も生えかわるんだって。

きほんのワーク

言葉《ば》のひろば④ はんたいのいみの言葉、にたいみの言葉

教科書 上118～119ページ
答え 9ページ

べんきょうした日　月　日

もくひょう
●はんたいのいみの言葉や、にたいみの言葉をとらえよう。

おわったらシールをはろう

新しい漢《かん》字

◀れんしゅうしましょう。

教科書ページ	漢字	読み	画数
118	強	キョウ　つよい　つよまる	11画
118	弱	ジャク　よわい　よわる	10画
118	細	サイ　ほそい　ほそる　こまか　こまかい	11画

ひつじゅん 1 2 3 4 5

1 漢字の読み　読みがなを書きましょう。

①　強いかぜ。（　　）

②　あつさに弱い。（　　）

○新しく学ぶ漢字　●新しい読み方をおぼえる漢字　◆とくべつな読み方の言葉

2 漢字の書き　漢字を書きましょう。

①　［つよ］いチーム。

②　［ほそ］い線。

3 ――とはんたいのいみの言葉《ば》を［　］からえらんで、記号《ごう》で答えましょう。

①　せが高い木。（　）

②　ペンをかう。（　）

③　お話がはじまる。（　）

④　新しい本。（　）

⑤　トンネルの入り口。（　）

ア　うる　　イ　古い　　ウ　ひくい　　エ　出口　　オ　おわる

かん字れんしゅうノート19ページ

4 ——とにたいみの言葉を［　］からえらんで、記号で答えましょう。

❶ うつくしい絵。（　）
❷ ぜんぶ答える。（　）
❸ にっこりわらう。（　）
❹ このはをひろう。（　）
❺ とびらをしめる。（　）

ア　とじる　イ　すべて　ウ　きれいな
エ　はっぱ　オ　ほほえむ

言葉をそれぞれの文にあてはめて、にたいみになるか、たしかめよう。

5 ——とはんたいのいみの言葉を、考えて書きましょう。

❶ しあいにかつ。（　）
❷ 細いひも。（　）
❸ あついきせつになる。（　）
❹ 前のせきにすわる。（　）

6 ——とにたいみの言葉を、考えて書きましょう。

❶ 車にのる。（　）
❷ お母さんとしゃべる。（　）
❸ あした出かける。（　）
❹ うさぎが野原《はら》をかける。（　）

ものしりメモ　にたいみの言葉《ば》には、「昼ごはん」と「ランチ」や、「おどり」と「ダンス」、「黄色」と「イエロー」など、かたかな（外国からきた言葉）におきかえられるものもあるよ。

教科書 上104～119ページ
答え 9ページ
べんきょうした日 月 日

まとめのテスト

わにのおじいさんのたからもの
言葉《ば》のひろば④ はんたいのいみの言葉、にたいみの言葉

時間 20分

とく点 /100点

おわったらシールをはろう

1 文章《しょう》を読んで、答えましょう。

「きみに、わしのたからものをあげよう。うん、そうしよう。これで、わしも心おきなくあのよへ行ける。」

わにのおじいさんのせなかのしわが、じつは、たからもののかくし場所《しょ》を記した地図になっていたのです。

わにのおじいさんに言われて、おにの子は、おじいさんのせなかのしわ地図を、しわのない紙に書きうつしました。

「では、行っておいで。わしは、このはっぱのふとんでもうひとねむりする。たからものってどういうものか、きみの目でたしかめるといい。」

そう言って、わにのおじいさんは目をつぶりました。

おにの子は、地図を見ながら、とうげをこえ、けもの道をよこぎり、つりばしをわたり、谷川に

⬅

1 わにのおじいさんのせなかのしわは、本当《とう》は何でしたか。〔10点〕

（　　　　）

2 「地図の×じるしの場所」は、どんなところでしたか。一つ10〔20点〕

（　　　　）ようながけの上の（　　　　）。

3 おにの子が目を丸くしたのは、なぜですか。一つ10〔20点〕

口で言えないほど（　　　　）が、いっぱいに（　　　　）いたから。

チャレンジ！

4 おにの子がたからものだと思ったものは、どれですか。（一つに○をつけましょう。）〔10点〕

⬅

ことばのいみ プラス
19行 切り立つ…山やがけが、するどくそびえ立つ。
20行 目を丸くする…おどろいて、目を大きくひらく。

そって上り、岩あなをくぐりぬけ、森の中で何度《ど》も道にまよいそうになりながら、やっと地図の×《ばっ》じるしの場所へたどりつきました。

そこは、切り立つようながけの上の岩場でした。

そこに立った時、おにの子は目を丸くしました。口で言えないほどうつくしい夕やけが、いっぱいにひろがっていたのです。

思わず、おにの子はぼうしをとりました。

これがたからものなのだ――と、おにの子はうなずきました。

ここは、せかい中でいちばんすてきな夕やけが見られる場所なんだ――と思いました。

その立っている足もとに、たからものを入れたはこがうまっているのを、おにの子はしりません。

おにの子は、いつまでも夕やけを見ていました。

〈かわさき ひろし「わにのおじいさんのたからもの」による〉

5 よく出る 「おにの子はしりません」とありますが、どんなことをしらないのですか。 一つ10〔20点〕

おにの子が立っている（　　）に、（　　）がうまっていること。

ア

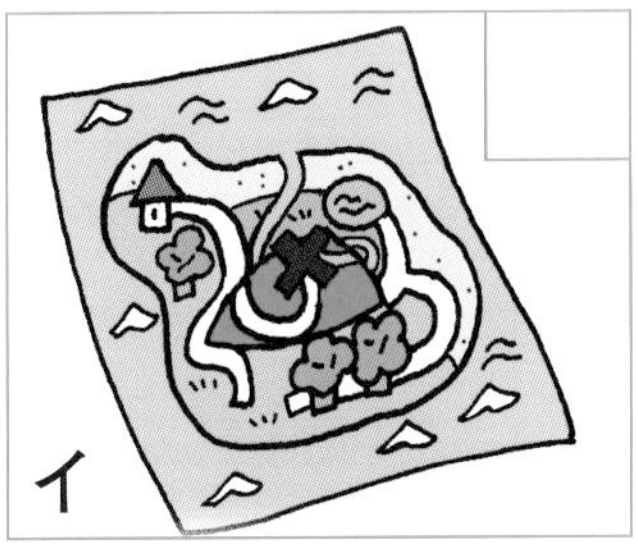

イ

ウ

2 ――とはんたいのいみの言葉《ば》を、考えて書きましょう。 一つ5〔20点〕

① うら口から出る。（　　）

② かるいにもつ。（　　）

③ あつい本。（　　）

④ カードのうら。（　　）

ものしりメモ 夕やけは、日がしずむころに、西《にし》の空が赤くなることだよ。日がのぼるころに、東《ひがし》の空が赤くなることを、朝やけというんだ。

きほんのワーク

町の「すてき」をつたえます

教科書 上 120〜125ページ
答え 9ページ

べんきょうした日　月　日

もくひょう
●まとまりのある文章《しょう》の書き方をおぼえよう。

おわったらシールをはろう

かん字れんしゅうノート19ページ

新しい漢《かん》字

◀れんしゅうしましょう。

教科書ページ

ページ	漢字	読み	画数
120	科	カ	9画
121	室	シツ	9画
122	理	リ	11画
123	知	チ　しる	8画

ひつじゅん 1 2 3 4 5

「科」は「斗」のぶぶんの書きじゅんや、点のむきに気をつけよう。

1 漢字の読み　読みがなを書きましょう。

① 生活科。

② しちょうかく室。

③ 大人の本。

④ 理由《ゆう》を書く。

○新しく学ぶ漢字　●新しい読み方をおぼえる漢字　◆とくべつな読み方の言葉

2 漢字の書き　漢字を書きましょう。

① □《り》由を話す。

② □《し》りたいこと。

3 ☆町の「すてき」をつたえます

とうぶ図書館《かん》をたんけんしてわかったことを書いたつぎのメモと文章《しょう》を読んで、答えましょう。

ア
◆見つけたこと
・一かいに、古い本などをしまってあるへやがある。

イ
△聞いたこと
・はたらいている人の数は、二十七人。

ウ
♡思ったこと
・ししょさんのしごとが、そうぞうしていたよりもたいへん。

わたしは、生活科の時間に、町たんけんで行った、とうぶ図書館のことについてしょうかいします。どうしてかというと、わたしは、本を読むのが大すきで、図書館のことをくわしく知りたかったからです。

　図書館につくと、はじめに、二かいのしちょうかく室に行きました。図書館のかたが、わたしたちのしつもんに答えてくれました。とうぶ図書館の本の数は、十二万八千さつぐらいだそうです。①とうぶ図書館ではたらいている人の数は、二十七人だとおしえてもらいました。

　つぎに、大人の本をおいているへやに行きました。そこには、パソコンでしごとをするための場所もありました。自分のパソコンをもってきて、そこでしごとをするということでした。

　さいごに、一かいに行きました。一かいには、②古い本や、とうぶ図書館に何さつもある本をしまってあるへやがありました。きゅうけい室もありました。きゅうけい室には、図書館の本をもちこんではいけないそうです。きゅうけい室に自動《どう》はんばいきがあったので、すこしおどろきました。

　とうぶ図書館を見学して、たくさんの本があり、③とてもひろい図書館ではたらくししょさんのしごとは、そうぞうしていたよりもたいへんなことがわかりました。わたしたちのために、そのしごとをまいにちつづけてくれているししょさんは、とてもりっぱだなあ、と思いました。

〈「町の『すてき』をつたえます」による〉

1 町たんけんでとうぶ図書館に行った理由を、どのように書いていますか。

（　　　　）のが大すきで、図書館のことを（　　　　）からです。

2 ①〜③のぶぶんは、どのメモをもとに書いていますか。ア〜ウから一つずつえらんで、（　）に記号《ごう》を書きましょう。

①（　）　②（　）　③（　）

ものしりメモ

むかしのしゃしんは、色がついていなくて、白くろだったんだ。１まいのしゃしんをとるのに何分間もかかって、その間はじっとしていなければいけなかったんだよ。

まとめのテスト

いすうまくん

教科書 上132〜143ページ　答え 10ページ

時間20分

とく点　/100点

おわったら シールを はろう

べんきょうした日　月　日

1 文章《しょう》を読んで、答えましょう。

タッくんは　ぼうしを　かぶって　みました。すると――。

どこからか、ツクツン　ツクツンと　音が聞こえて　きました。見回すと、あのお父さんの　いすが　細かく　うごいているのです。

「ツクツン　ツクツン　ツ、ツ、ツトムくん。ツトムくん　たらあ、早く、早くう。」

「いやだなあ。ツトムは、ぼくの　お父さんだよ。ぼくは　タッくん、タダシです。まちがえないでよね。」

「ツクツン　ツクツン、早く　のってよ。ツトムくん。」

いすは　言いつづけます。タッくんはいそいで　まわりの　はこを　どけると

1 タッくんが、ぼうしをかぶると、どうなりましたか。　一つ10〔20点〕

どこからか、（　　　　）と音が聞こえてきて、お父さんのいすが（　　　　）いた。

2 「ツトムくん」とは、だれのことですか。〔10点〕

タッくんの（　　　　）。

3 いすが、タッくんをおとしたのは、なぜですか。〔15点〕

（一つに○をつけましょう。）

ア（　）タッくんが、らんぼうにすわったから。

イ（　）タッくんが、ちがうすわり方をしたから。

ウ（　）ツトムくんではなく、タッくんがすわったから。

ことばのいみ プラス　17行　とたん（に）…ちょうどその時。

すわって　みました。
とたんに　いすは　おこったように　ばんと
はねて、タッくんを　おとして　しまいました。
「いたい。ひどいじゃないか。」
「だって、ちがうでしょ。きみ、
わすれちゃったの。ぼくが　うごいた　時は、
いすうまのり　じゃないか。」
タッくんは　ちょっと　考えてから、いすの
せなかの　方を　むいて、すわって　みました。
「そ、そうです。ああ、
ひさしぶりだなあ。
じゃ、いくよ、
いいね。ちゃんと
たづなを　にぎってよ。」
タッくんが　はちまきを
にぎると、いすは　足を　けって
とび上がりました。それから　タッくんを
のせた　まま　外に　とび出しました。
すごい　はやさです。風《かぜ》が　びゅんびゅん
通りすぎます。目を　あけて　いられません。

〈かどの　えいこ「いすうまくん」による〉

4 「いすうまのり」とは、どんなふうにすわることですか。〔15点〕

いすの（　　　　）を
むいてすわること。

5 よく出る　タッくんがはちまきをにぎると、どうなりましたか。　一つ10〔20点〕

いすが（　　　　）
とび上がり、タッくんをのせたまま
（　　　　）。

6 いすは、どんなはやさでとんでいきましたか。　一つ10〔20点〕

風が（　　　　）
通りすぎて、（　　　　）
いられないくらいすごいはやさ。

ものしりメモ
「たづな」は、馬をうまくうごかすためのつなのことだよ。「くつわ」という馬の口につける金《かな》具《ぐ》につけて、馬にのる人が手にもつんだ。

きほんのワーク

さけが大きくなるまで
この間に何があった？

教科書 下8～27／146～147ページ

答え 10ページ

べんきょうした日 月 日

もくひょう
●さけが大きくなる様子《よう》を読みとろう。
●二まいの絵の間に、何があったかを考えよう。

おわったら シールを はろう

新しい漢字《かん》

教科書ページ

▼れんしゅうしましょう。

教科書ページ	漢字	読み	画数	ひつじゅん
8	北	ホク きた	5画	一 十 1 北 北
8	魚	ギョ うお さかな	11画	ノ ク 各 角 角 魚
8	秋	シュウ あき	9画	一 二 千 禾 禾 秋 秋
10	冬	トウ ふゆ	5画	ノ ク 夂 冬 冬
13	広	コウ ひろい ひろまる	5画	丶 一 广 広 広
13	食	ショク くう たべる	9画	人 亽 今 今 食 食 食
14	帰	キ かえる	10画	リ リ 归 归 帰 帰 帰
18	東	トウ ひがし	8画	一 厂 百 百 申 東 東
18	西	セイ サイ にし	6画	一 一 冂 丙 西 西
18	南	ナン みなみ	9画	一 十 亠 冇 冇 南 南

ひつじゅん 1 2 3 4 5

かん字れんしゅうノート20ページ

1 漢字の読み 読みがなを書きましょう。

① 北の広い海。

② 秋と冬の間。

③ 食べものがある。

④ 東と西。

○新しく学ぶ漢字
●新しい読み方をおぼえる漢字
◆とくべつな読み方の言葉

4 言葉《ば》のいみ ――のいみに合うほうに、○をつけましょう。

① 10ページ くぼみにたまごをうむ。

ア（ ）出っぱったところ。

イ（ ）へこんだところ。

2 漢字の書き

漢字を書きましょう。

① □《さかな》が生まれる。

② いえへ□《かえ》る。

3 ★この間に何があった？

二まいの絵の間に何がおこったかを、考えて書きましょう。

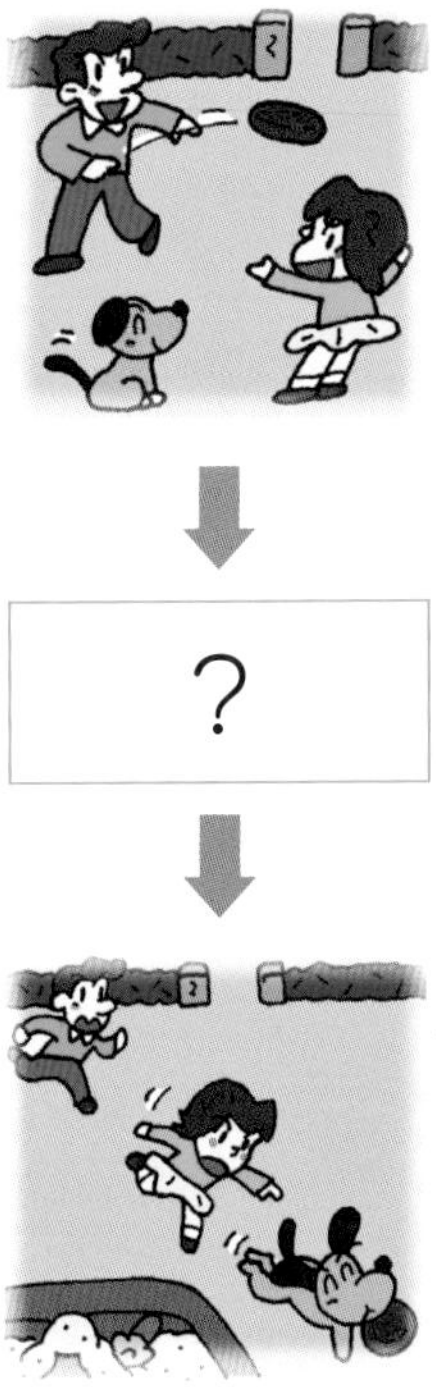

（　　　　　　　　）

ないようをつかもう！

★さけが大きくなるまで

さけが大きくなるまでの様子《よう》をまとめます。（　）に合うきせつを□からえらんで、書きましょう。

教科書 8～15ページ

① （　　　）になるころ

大人のさけが、たまごをうみに、海から川へやってくる。

② （　　　）の間

たまごからさけの赤ちゃんが生まれる。

③ （　　　）になるころ

さけの子どもたちが、海にむかって川を下りはじめる。

冬　秋　夏　春

---

2 11 えいようの入ったふくろ。

ア（　）生きものが生きるのにひつようなようぶん。

イ（　）食べものを小さくくだいて作ったかたまり。

3 13 いよいよはじまる。

ア（　）ついに。とうとう。

イ（　）あとで。おくれて。

5 言葉のつかい方

つかい方が正しいほうに、○をつけましょう。

① そして

ア（　）遠《えん》足で山にのぼった。そして、夕日を見た。

イ（　）わたしはなすがきらいだ。そして、きのう食べた。

② やがて

ア（　）火にさわってしまい、やがて、「わっ」とさけんだ。

イ（　）雨がやみ、やがて、にじが出た。

ものしりメモ

さけは、いちどに2,000～4,000こ近くもたまごを生むんだ。さけのたまごをひとつぶずつほぐして、しおやしょうゆであじつけした食品《ひん》を、「いくら」というよ。

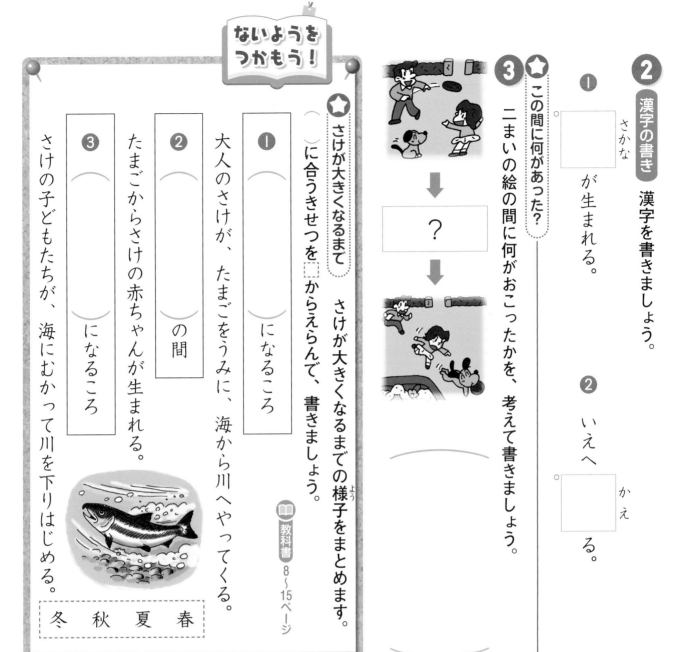

れんしゅうのワーク

さけが大きくなるまで

教科書　下8～27ページ
答え　11ページ
べんきょうした日　月　日

できるナビ
さけが大きくなる様子《よう》を、時や場所《しょ》をあらわす言葉《ば》に気をつけながら読みとろう。

おわったらシールをはろう

文章《しょう》を読んで、答えましょう。

秋になるころから、大人のさけは、たくさんあつまって、たまごをうみに、海から川へやってきます。そして、いきおいよく川を上ります。三メートルぐらいのたきでものりこえて、川上へ川上へとすすんでいきます。

やがて、水のきれいな川上にたどりつくと、さけは、おびれをふるわせて、すなや小石の川ぞこをほります。ふかさが三十センチメートルぐらいになると、そのくぼみのそこにたまごをたくさんうんで、うめてしまいます。

1 「秋になるころ」に、大人のさけはどうしますか。（一つに○をつけましょう。）

大人のさけは、何をするためにあつまっているのかな。

ア（　）冬にそなえて、海草をたくさん食べる。
イ（　）たまごをうみに、海から川へやってくる。
ウ（　）たきをのりこえてから、ねむってしまう。

2 「そのくぼみ」は、どこにほった、どれくらいのふかさのくぼみですか。

どこに　水のきれいな川上の、すなや小石の（　　　）。
ふかさ　（　　　）ぐらい。

3 よく出る　さけは、くぼみをほってどうしますか。

くぼみのそこに（　　　）をたくさん

ことばのいみプラス
17行　ぐみのみ…野山に生える「ぐみ」の木になる、小さな赤いみ。
26行　いく日もいく日も…何日も何日も。

冬の間に、たまごからさけの赤ちゃんが生まれます。大きさは三センチメートルぐらいです。その時は、おなかに、赤いぐみのみのような、えいようの入ったふくろがついています。やがて、それがなくなって、四センチメートルぐらいの小魚になります。

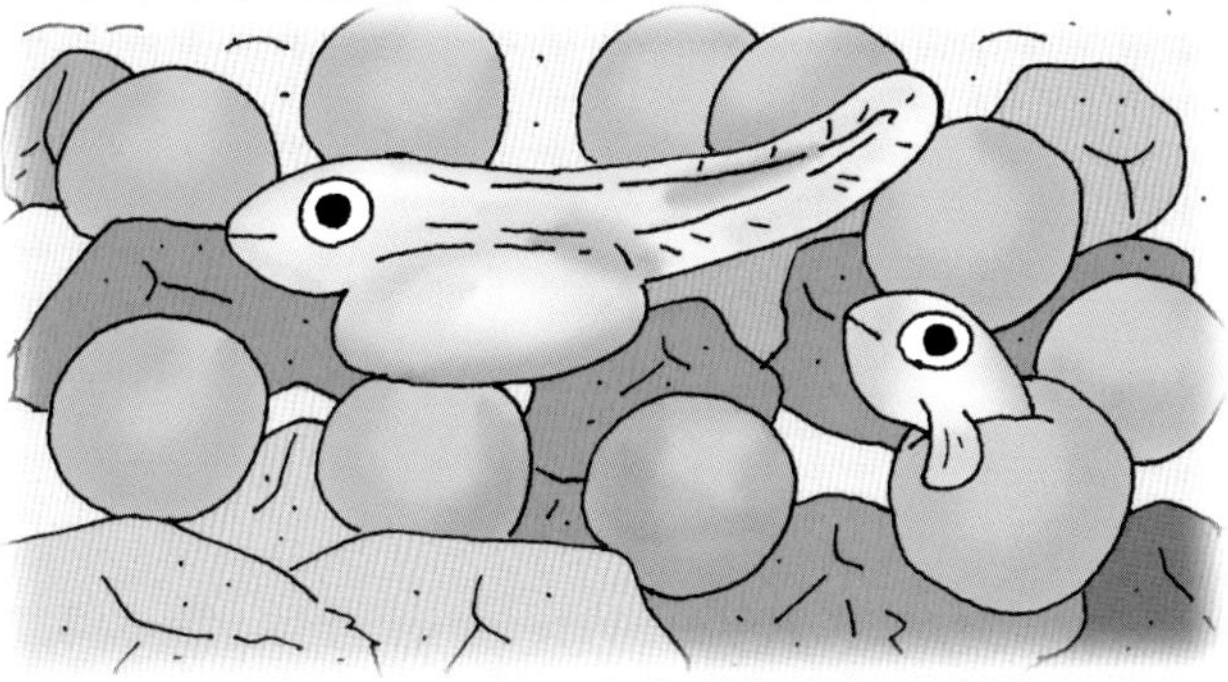

春になるころ、五センチメートルぐらいになったさけの子どもたちは、海にむかって川を下りはじめます。水にながされながら、いく日《にち》もいく日もかかって、川を下っていきます。

〈「さけが大きくなるまで」による〉

（　　　　）、うめてしまう。

4 冬の間から春になるころまでの、さけの大きさや様子《よう》をまとめます。（　）に合う言葉《ば》を書きましょう。

	大きさや様子
冬の間	・さけの（❶　　　）が生まれる。 ・大きさは（❷　　　）センチメートルぐらい。 ・おなかに、（❸　　　）の入ったふくろがついている。 ・やがて、（❹　　　）センチメートルぐらいの小魚になる。
春になるころ	・（❺　　　）センチメートルぐらいになる。 ・海にむかって川を（❻　　　）はじめる。

ものしりメモ むかし、イギリスで、さけの子どもに、目じるしとしてリボンをつけてから川にはなすというじっけんをしたところ、さけが、生まれた川と同じ川にもどってくることがわかったんだよ。

まとめのテスト

さけが大きくなるまで

教科書 下8～27ページ　答え 11ページ

時間20分　とく点 /100点　おわったらシールをはろう　べんきょうした日 月 日

文章《しょう》を読んで、答えましょう。

春になるころ、五センチメートルぐらいになったさけの子どもたちは、海にむかって川を下りはじめます。水にながされながら、いく日《にち》もいく日もかかって、川を下っていきます。

川を下ってきたさけの子どもたちは、一か月ぐらいの間、川の水と海の水がまじった川口《かわぐち》の近くでくらします。その間に、八センチメートルぐらいの大きさになります。

1 よく出る さけの子どもたちが、海にむかって川を下りはじめるのは、いつのころですか。〔10点〕

（　　　）

2 さけは、どのように川を下りますか。一つ10〔20点〕

水に（　　　）ながら、（　　　）かかって、川を下る。

3 チャレンジ! 川を下ってきたさけの子どもたちは、どこで、どのくらい、くらしますか。一つ10〔20点〕

どこで（　　　）の近く。

どのくらい（　　　）ぐらいの間。

ことばのいみプラス

16行 なれる…何度《ど》もくりかえしているうちに、いつもどおりとかんじるようになる。

23行 ぶじに…何ごともなく。びょうきやじこにあうこともなく。

海の水になれて、体がしっかりしてくると、いよいよ、広い海でのくらしがはじまります。

海には、たくさんの食べものがあります。それを食べて、ぐんぐん大きくなります。けれども、さめやあざらしなどに食べられてしまうなかまもたくさんいます。

ぶじに生きのこったさけは、三年も四年も海をおよぎ回ります。

そして、大きくなって、たまごをうむ時が近づくと、北の海から自分が生まれたもとの川へ帰ってくるのです。

〈「さけが大きくなるまで」による〉

4 さけの子どもたちが、広い海でくらしはじめるのは、いつのころですか。 一つ10〔20点〕

（　　　　）になれて、

（　　　　）ころ。

5 海でのさけのくらしは、どのようなものですか。 一つ10〔20点〕

海には、（　　　　）があり、それを食べて、ぐんぐん大きくなるが、（　　　　）などに食べられてしまうなかまもたくさんいる。

6 よく出る さけは、いつごろ自分が生まれたもとの川へ帰りますか。（一つに○をつけましょう。） 〔10点〕

ア（　）体の大きさが八センチメートルぐらいになったころ。

イ（　）たまごをうむ時が近づいたころ。

ウ（　）海に出て、一か月ぐらいたったころ。

ものしりメモ

魚には、海で生きる「海水魚」と、川などで生きる「たん水魚」がいるよ。それぞれの水の中で生きていくのに合った体のしくみをもっているんだ。

きほんのワーク

おもしろいもの、見つけたよ
言葉《ば》の文化《か》④ 「あいうえお」であそぼう

教科書 下28～32ページ
答え 11ページ
べんきょうした日　月　日

もくひょう
●見つけたものの様子《よう》がつたわるような文章《しょう》の書き方を、おぼえよう。
●「あいうえお」をつかって、文を作ろう。

おわったらシールをはろう

かん字れんしゅうノート21ページ

新しい漢字《かん》

教科書30ページ

漢字	読み	画数	ひつじゅん
少	ショウ　すくない　すこし	4画	亅 亅 小 少

◀れんしゅうしましょう。　ひつじゅん 1 2 3 4 5

○新しく学ぶ漢字
●新しい読み方をおぼえる漢字
◆とくべつな読み方の言葉

1 漢字の読み 読みがなを書きましょう。

① 少（　　し）しちくちくする。

「少」は、「小」との形のちがいに気をつけよう。おくりがなにちゅういすることも大切だよ。

2 漢字の書き 漢字を書きましょう。

① □《すこ》しさむい。

3 はらださんは、公園で見つけたもみじの様子《よう》をメモに書き、文章《しょう》を書きました。つぎのメモと文章を読んで、答えましょう。

【メモ】

- 形：ふちはぎざぎざ
- 形：手のひらみたい
- 大きさ：かたほうの手にのるくらい
- さわったかんじ：かさかさ
- 色：赤。黄色いものもある
- 大きさ：五センチメートルくらい

【文章】

公園で、地面《めん》におちているもみじを見つけました。

色は、赤です。黄色いものもあります。大きさは、だいたい五センチメートルくらいで、かたほうの手にのるくらいです。[1]みたいな形をしていて、ふちは[2]しています。さわってみると、みどり色のはっぱをさわったときよりも、かさかさしていました。きれいなもみじが見つかって、うれしかったです。もっといろいろなはっぱを見つけてみたいと思いました。

1 何について、メモや文章を書いていますか。

（　　　　）の地面で見つけた

（　　　　）。

2 メモを見て、文章の□に入る言葉を書きましょう。

1 …（　　　　）

2 …（　　　　）

3 さわったかんじについて、どのように書いていますか。

みどり色のはっぱをさわったときよりも、

（　　　　）していた。

④ ☆ 言葉《ば》の文化《か》④ 「あいうえお」であそぼう

つぎの絵を見て、「あいうえお」をつかった文を作ります。○に入るひらがなを書きましょう。

あ ○から

い ○天気だね。

う ○をうたいながら、

え ○○で

お ○○うよ。

ものしりメモ

もみじは、かえでなどの木のはっぱで、秋になると、みどり色だったはっぱが赤や黄色になるよ。一年中、はっぱがみどり色のままの木もあるよ。

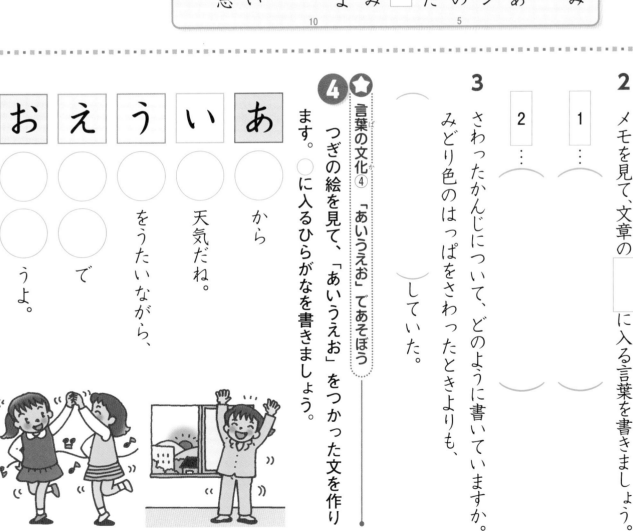

きほんのワーク

ないた赤おに

読書の広場③「お話びじゅつかん」を作ろう

教科書 下34～59ページ
答え 12ページ

べんきょうした日 月 日

もくひょう
●登場《とう》人物《ぶつ》が、どのようなことがきっかけで、どのようにかわったのかを考えながら読もう。

かん字れんしゅうノート21～22ページ

おわったらシールをはろう

新しい漢字《かん》

◀れんしゅうしましょう。 ひつじゅん 1 2 3 4 5

漢字	教科書ページ	読み	画数
家	34	カ ケ いえ や	10画
角	35	カク かど つの	7画
当	35	トウ あたる	6画
戸	36	コ と	4画
首	37	シュ くび	9画
茶	40	チャ	9画
引	40	イン ひく	4画
毎	40	マイ	6画
遠	41	エン とおい	13画
後	46	ゴ コウ のち うしろ あと	9画
教	56	キョウ おしえる おそわる	11画
交	56	コウ まじわる まじる	6画

1 漢字の読み 読みがなを書きましょう。

① ○家（　　）がたっている。

② おにの○角（　　）。

○新しく学ぶ漢字
●新しい読み方をおぼえる漢字
◆とくべつな読み方の言葉

3 言葉《ば》のいみ ——のいみに合う方に、○をつけましょう。

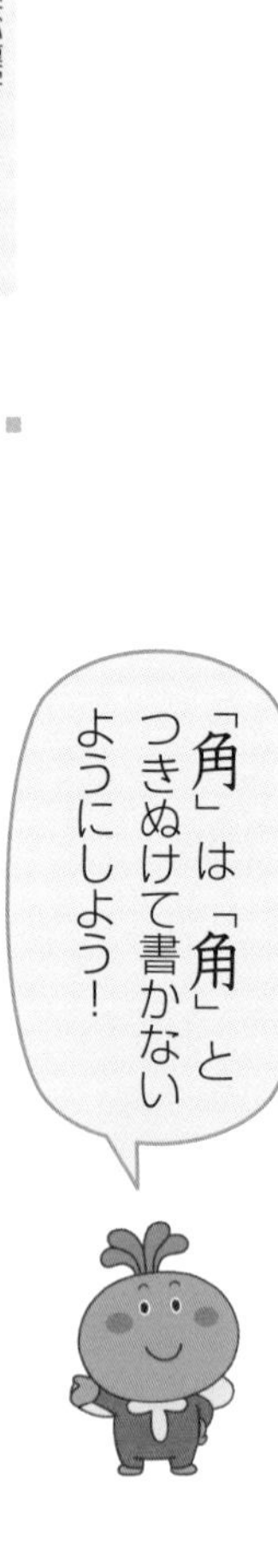

③ （　　）本当のこと。

④ 家の戸。（　　）

⑤ おいしいお茶。（　　）

⑥ 立てふだを引きぬく。（　　き）

⑦ 毎日おかしをつくる。（　　）

⑧ 後ろから見る。（　　ろ）

⑨ 教室に絵をはる。（　　）

⑩ 人と人とが交代《たい》する。（　　）

2 漢字の書き　**漢字を書きましょう。**

① □《くび》をまげる。

② 家から□《とお》い。

ないようをつかもう！

☆ ないた赤おに

「ないた赤おに」のあらすじをまとめます。じゅんばんになるように、1～4を書きましょう。

教科書 34～51ページ

① 37ページ ふもとの村に行く。
ア（　）山の上の方。
イ（　）山の下の方。

② 40 いちもくさんににげる。
ア（　）まっしぐらに。ひっしに。
イ（　）ていねいに。のんびり。

③ 40 すごすごと、うちにもどる。
ア（　）力いっぱい。思いきり。
イ（　）がっかりして。元気なく。

④ 43 きもをつぶしてにげ出す。
ア（　）とてもおどろいて。
イ（　）はらを立てて。

⑤ 48 食べたためしはない。
ア（　）今までにない。
イ（　）前にもあった。

文の中でどのようにつかわれているかたしかめよう。

ものしりメモ

「ないた赤おに」の作者《しゃ》、はまだひろすけさんは、1893年にやまがたけんで生まれたんだ。「りゅうのめのなみだ」や「むくどりのゆめ」など、多くの童《どう》話を書いているよ。

れんしゅうのワーク1

ないた赤おに

教科書　下34～59ページ
答え　12ページ
べんきょうした日　月　日

できるナビ
●赤おにと人間とのかかわりをつかんで、赤おにが人間となかよくなりたい気持《も》ちを読みとろう。

おわったらシールをはろう

文章《しょう》を読んで、答えましょう。


「なるほど、なるほど。」

なかまの木こりは、かたかなの字を読んでみました。

ココロノ　ヤサシイ　オニノ　ウチデス。

ドナタデモ　オイデクダサイ。

オイシイ　オカシガ　ゴザイマス。

オチャモ　ワカシテ　ゴザイマス。

「へえ、どうもふしぎなことだな。たしかにちゃんと書いてある。けれども、これは気をつけなくてはならないよ。おにめが、だましてぼくらを食おうというつもりかもしれないぞ。」

「なるほど。そうか、あぶない、あぶない。」

二人の木こりが話しているのを、赤おにはうちの中から聞いていました。

1　立てふだには、どんなことが書いてありましたか。（　）に合う言葉《ば》を［　］からえらんで、書きましょう。

ここは（　　　）で、おかしや（　　　）を（　　　）して、人間が来るのを（　　　）ということ。

［　お茶　おにのうち　まっている　ようい　］

立てふだは、人間に読んでもらうために、赤おにが立てたものだね。

2　立てふだを読んだ二人の木こりは、どう思いましたか。（一つに○をつけましょう。）

ア（　）さっそく、おにの家にあそびに行こう。

イ（　）おにはぼくらをだますつもりかもしれない。

ウ（　）ぼくらの家にも、おににきてもらいたい。

ことばのいみプラス
17行　ひょっこり…思いがけないときに、目の前にあらわれる様《よう》子。
35行　うらめしそうに…思いどおりにならなくて、ざんねんそうに。

「とんでもないぞ。だれがだまして食うものか。」

おにはくやしくなってきて、まどからひょっこりまっかな顔を出しながら、

「おい、木こりさん。」

と、よびかけました。

木こりどもはびっくりしました。

「わっ、たいへんだ。」

「にげろ、にげろ。」

と、かけ出して、二人いっしょに、どんどんと山を下っていきました。

「おうい、しばらくまってくれ。だますんじゃない。本当なんだ。おいしいおかしだ。おいしいお茶だ。」

おには、あとからそう言っておいかけました。

けれども、二人はいちもくさんににげて、見えなくなりました。赤おにはがっかりしました。すごすごと、うちの前までもどってきました。そして、自分の立てふだをうらめしそうに見ていましたが、ふと手をかけて、立てふだを引きぬきながら言いました。

〈はまだ ひろすけ「ないた赤おに」による〉

3 二人の木こりの気持《も》ちを知った赤おには、どう思いましたか。（一つに○をつけましょう。）

ア（　）しんじてもらえなくて、くやしい。

イ（　）人間をうまくだませたぞ。

ウ（　）人間の家に行ってみたいな。

4 「おい、木こりさん。」と赤おにがよびかけると、二人の木こりはどうしましたか。

（　　）してかけ出し、二人いっしょに、どんどんと（　　）いった。

5 よく出る 木こりににげられた赤おにの気持ちがわかる言葉を、書きぬきましょう。

□□□□した。

6 木こりににげられた赤おには、どうしましたか。

（　　）と、うちの前までもどってきて、自分の立てふだを（　　）に見ていたが、ふと手をかけてそれを引きぬいた。

ものしりメモ 赤おにの立てふだは、かたかなで書いてあるね。かたかなは、漢字《かん》の一部《ぶ》をとったり、形をかえたりしてできたんだ。「加《か》」から「カ」、「多《た》」から「タ」ができたよ。

れんしゅうのワーク2

ないた赤おに

教科書 下34～59ページ　答え 12ページ

できるナビ
●赤おにと青おにのやりとりから、青おにの人がらを読みとろう。

べんきょうした日 月 日

おわったらシールをはろう

文章《しょう》を読んで、答えましょう。

「こんなもの、立てておいてもちっともやくに立ちゃしない。毎日、おかしをこしらえて、毎日、お茶をわかしていても、だれもあそびにきはしない。いまいましいな。」

そうつぶやいて、赤おには立てふだをふみつけました。いたがバリバリわれました。おにはむしゃくしゃしていました。立てふだのくいをポキンとおりました。

ちょうどその時、一人のおきゃくが

1 よく出る 赤おにが立てふだをふみつけたのは、なぜですか。

立てふだを立てておいても
ちっとも（　　　）に立たず、
だれも（　　　）にこないから。

2 立てふだのくいをおったときの赤おにの気持《も》ちがわかる言葉《ば》を書きぬきましょう。

□□□□□□していた。

赤おには、はらを立てていたから、立てふだをこわしてしまったんだね。

3 「一人のおきゃく」とは、だれですか。

（　　　　　）

ことばのいみ プラス
1行 ちっとも…少しも。まったく。　2行 こしらえる…作る。
4行 いまいましい…くやしくて、はらが立つ。

やってきました。おきゃくといっても、人間のおきゃくさまではありません。なかまのおにで、足のうらまで青いという青おになのでありました。

その青おには、その日の朝に、遠い遠い山の方からうちを出て、あそびにきたのでありました。

「どうしたんだい。手あらいことをして。」

と、青おにはそばから声をかけました。

そこで、赤おには、なかまの青おにに、どうして自分がそんなにはらを立てているのか、わけはこうだと、話をしました。

「そうか、それならこうしよう。村に出かけて、ぼくだけうんとあばれよう。そこへきみがやってきて、ぼくの頭をポカポカなぐれ。そうすれば、みんながきみをほめるだろう。もうそうなれば、人間も安《あん》心をして、あそびにやってくるだろう。」

「けれども、それでは、きみにたいしてすまないよ。」

「なあに、ちっともかまわない。さあ、行こう。」

〈はまだ ひろすけ「ないた赤おに」による〉

4 青おにのうちは、どこにありますか。

（　　　　）の方。

5 青おにが「村に出かけて、ぼくだけうんとあばれよう。」と言ったのは、なぜですか。

村であばれている青おにを、赤おにがなぐれば、みんなが赤おにを（　　　　）だろうし、安心をして、赤おにのところに（　　　　）だろうから。

6 青おにの言葉を聞いて、赤おには何と言いましたか。（一つに○をつけましょう。）

ア（　）それは、とてもいい考えだ。

イ（　）それでは、きみにたいしてすまないよ。

ウ（　）人間をなぐるなんて、ひどいな。

7 青おには、どんな人がらだと思いますか。考えて書きましょう。

書いてみよう！

（　　　　）

ものしりメモ

2月のせつぶんでは、「おには外、ふくは内。」と言って、まめをまくよ。おににまめをぶつけて、わるいものをおいはらおうとしているんだ。

まとめのテスト

ないた赤おに

教科書 ㊦34〜59ページ　答え 13ページ

べんきょうした日　月　日

時間 20分

とく点 /100点

おわったらシールをはろう

文章《しょう》を読んで、答えましょう。

こうして、おにには人間のお友だちができました。前とかわって、今はちっともさびしいことはありません。けれども、ここに一つだけ気になることがありました。それは、ほかでもありません。おにのなかまの青おにが、あれから一度《ど》もたずねてこなくなりました。

「どうしたのだろう。ぐあいがわるくて、ねているのかな。わざと自分ではしらにひたいをぶっつけたりして、角でもいためているのかな。ひとつ、見まいに出かけよう。」

赤おには、したくをしました。山をいくつか、谷をいくつか、こえてわたって、青おにのすみかにきました。かたい岩のだんだんをいそいで上って、戸口の前に立ちました。すると、戸がしまっていました。

1 よく出る　赤おにが、今はちっともさびしくなくなったのは、なぜですか。〔10点〕

（　　　　　）ができたから。

2 「一つだけ気になること」とは、どんなことですか。一つ10〔20点〕

なかまの（　　　　　）が、あれから一度も（　　　　　）なったこと。

3 「赤おには、したくをしました。」とありますが、どこへ行きましたか。〔10点〕

（　　　　　）

4 戸の上には、何がしてありましたか。〔10点〕

（　　　　　）がしてあった。

ことばのいみプラス

8行　ぶっつける…ぶつける。

22行　オ目ニカカル…「会う」のていねいな言い方。

「いないのかしら。」

ふと気がつくと、戸の上にはり紙がしてありました。何か字が書かれていました。

赤オニクン、人間タチト、ドコマデモ
ナカヨク　クラシテ　イッテ　クダサイ。
ボクハ　シバラク　キミニハ　オ目ニ
カカリマセン。コノママ　キミト　ツキアイヲ
シテ　イクナラバ、人間ハ　キミヲ　ウタガウ
コトデショウ。ソレデハ　マコトニ
ツマラナイ。ソウ　カンガエテ、ボクハ
コレカラ、タビニ　出ル　コトニ　シマシタ。
サヨウナラ、キミ。
カラダヲ　ダイジニ
シテ　クダサイ。
ドコマデモ　キミノ
トモダチ　青オニ

赤おには、何度も
それを読みました。
なみだをながして読みました。

〈はまだ ひろすけ「ないた赤おに」による〉

チャレンジ!

5 「ボクハ　シバラク　キミニハ　オ目ニ　カカリマセン。」とありますが、なぜですか。（一つに○をつけましょう。）〔10点〕

ア（　）はしらにひたいをぶっつけて角をいためたので、びょういんに行くことにしたから。

イ（　）自分がこのまま赤おにとつきあいをしていくと、人間が赤おにをうたがうから。

ウ（　）赤おににひどくうたれたことがかなしくて、もう友だちとしてつきあえないから。

6 青おには、これからどうすることにしたと書いていますか。〔10点〕

（　　　　　　　　）ことにした。

7 青おには、はり紙に、赤おにとはどんなかんけいだと書いていますか。〔10点〕

どこまでも（　　　　　　　　）。

書いてみよう!

8 赤おには、青おにが書いたはり紙を見て、どんな気持《も》ちになりましたか。考えて書きましょう。〔20点〕

（　　　　　　　　）気持ち。

ものしりメモ

「おにの目にもなみだ」ということわざがあって、「こわくておそろしい人も、たまにはなくことがある」といういみだよ。おには、おそろしいものだと考えられているんだね。

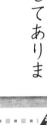

きほんのワーク

「クラスお楽しみ会」をひらこう
みじかい言葉《ば》で

教科書 ㊦60〜65ページ
答え 13ページ

べんきょうした日 月 日

もくひょう
●考えがつたわるように、話し合い方を学ぼう。
●心がうごいたことを、みじかい言葉で書こう。

かん字れんしゅうノート22ページ

おわったらシールをはろう

新しい漢《かん》字

教科書 60ページ

多 タ おおい 6画
ノ ク タ タ 多 多
◀れんしゅうしましょう。
ひつじゅん 1 2 3 4 5

「夕」を二つ書くよ。さいごの線をつき出さないように気をつけよう。

○新しく学ぶ漢字
●新しい読み方をおぼえる漢字
◆とくべつな読み方の言葉

1 漢字の読み 読みがなを書きましょう。

① 人数が多い。（　　）

2 漢字の書き 漢字を書きましょう。

① 数が［　］《おお》い。

3 「クラスお楽しみ会」でするあそびをきめるために、山下《やました》さんが「あそび」と「その理由《ゆう》」を書いたカードを読んで、答えましょう。

> おにごっこ
> 人数が多いと楽しめる。

1 話し合いをするとき、山下さんはどのように言うとよいですか。合う言葉《ば》を［　］からえらんで、書きましょう。

ぼくは（　　）がいいと思います。
（　　）、人数が多いと楽しめると思う（　　）です。

大なわとび	から	もしかすると
おにごっこ	など	どうしてかというと

4 中村《なかむら》さんたちは、「クラスお楽しみ会」でするあそびをきめるために、グループで話し合っています。話し合いを読んで、答えましょう。

わたしは、みんなで大きな絵をかきたいです。お楽しみ会がおわっても、絵をのこすことができるからです。

どうして、絵をのこすことが大事《じ》だと思うのですか。

絵があると、絵を見てお楽しみ会を思い出すことがふえると思うからです。

楽しかったことを思い出せるのは、いいですね。

1 「どうして、絵をのこすことが大事だと思うのですか。」というしつもんに、どのように答えていますか。

絵を見てお楽しみ会を（　　　　）と思うからです。

2 グループで話し合うときに大切なことを、つぎから二つえらんで○をつけましょう。

ア（　）もっと知りたいことやわからないことは、しつもんする。

イ（　）つたえたいことは大きな声で何度《ど》も話す。

ウ（　）考えの理由をわかりやすく話す。

エ（　）きょうみのない話のときは、ほかのことを考える。

5 ☆みじかい言葉で　つぎの音や様子《よう》をあらわす言葉を□からえらんで、書きましょう。

① 楽しみなことがある様子

（　　　　）（　　　　）

② 雨がふっている様子

（　　　　）（　　　　）

ザーザー　どきどき　パラパラ　わくわく

ものしりメモ 音や様《よう》子をあらわす言葉《ば》を、「オノマトペ」というよ。日本語は、外国語にくらべて、オノマトペがとても多いと言われているんだ。

きほんのワーク

漢字《かん》の広場④　漢字のつかい方と読み方
一年生で学んだ漢字③

教科書 ㊦66～68ページ
答え 14ページ
べんきょうした日　月　日

もくひょう
●いくつも読み方のある漢字について学ぼう。
●漢字のおくりがなに気をつけよう。

おわったらシールをはろう

かん字れんしゅうノート23～24ページ

新しい漢字《かん》

教科書ページ　◀れんしゅうしましょう。

ページ	漢字	読み	画数	ひつじゅん
66	晴	セイ　はれる	12画	日 日 日一 日十 日丰 日生 晴 晴
66	社	シャ　やしろ	7画	丶 ラ ネ ネ一 ネ+ 社 社
66	歩	ホ　あるく　あゆむ	8画	丨 ト 止 止 屮 歩 歩 歩
67	売	バイ　うる	7画	一 十 士 声 声 声 売
67	計	ケイ　はかる	9画	亠 亠 言 言 言 言 計
67	肉	ニク	6画	丨 冂 内 内 肉 肉
67	船	セン　ふね　ふな	11画	丿 介 舟 舟 舟 舟八 船 船

1 漢字の読み　読みがなを書きましょう。

① あしたは°晴れる。（　　れる）
② °会社に行く。（　　）
③ 学校まで°歩く。（　　く）
④ パンが°売れる。（　　れる）
⑤ °計算を教える。（　　）
⑥ °肉のねだん。（　　）

○新しく学ぶ漢字　●新しい読み方をおぼえる漢字　◆とくべつな読み方の言葉

2 漢字の書き　漢字を書きましょう。

① 雨のち°□《は》れ。
② 父の°□□《かいしゃ》。
③ えきまで°□《ある》く。
④ 本が°□《う》れる。
⑤ °□□《けいさん》する。
⑥ °□《ふね》で下る。

3 ★ つぎの——の漢字の読みがなを、それぞれのいみのちがいを考えて、書きましょう。

① 下
- つくえの下。（　　）
- 川を下る。（　　る）
- あたまを下げる。（　　げる）

② 分
- 二つに分ける。（　　ける）
- 四時五分。（　　）
- 気分がいい。（　　）

4 おくりがなに気をつけて、上と下の言葉《ば》を・——・でむすび、文にしましょう。

① 絵が・　・見える。
絵を・　・見せる。

② 話が・　・広める。
話を・　・広まる。

③ 答えが・　・当てる。
答えを・　・当たる。

5 おくりがなに気をつけて、——の言葉を漢字とおくりがなで書きましょう。

① 学校にかよう。（　　）
道をとおる。（　　）

② 草がはえる。（　　）
ひながうまれる。（　　）

③ ほそい糸。（　　）
こまかいすな。（　　）

④ 雨があがる。（　　）
さかをのぼる。（　　）

6 一年生の漢字　漢字を書きましょう。

① □《てん》□《き》よほう。

② □《め》と□《みみ》。

ものしりメモ むかしは、おくりがなに、かたかながつかわれることもあったんだ。また、むかしと今とで、おくりがながちがう漢字《かん》もあるよ。

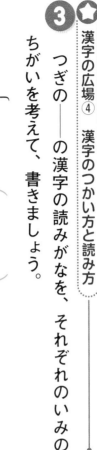

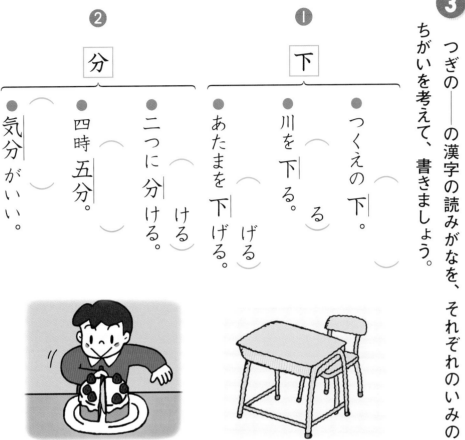

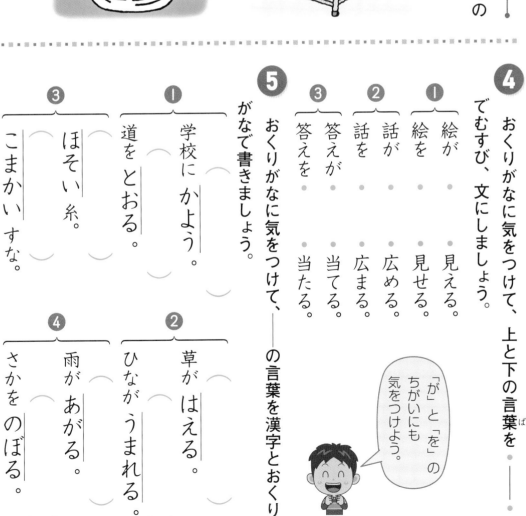

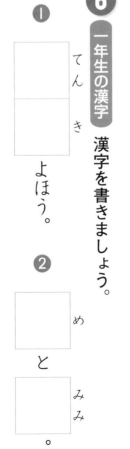

きほんのワーク

ジャンプロケットを作ろう
おもちゃのせつめい書を書こう

教科書 上70～83ページ

答え 14ページ

べんきょうした日 月 日

もくひょう
- せつめいのじゅんじょをたしかめよう。
- じゅんじょをあらわす言葉《ば》をつかって、せつめいしよう。

おわったらシールをはろう

新しい漢字《かん》

教科書74ページ

◀れんしゅうしましょう。

台 ダイ タイ 5画

ひつじゅん ㄥ ム ム 台 台

○新しく学ぶ漢字
●新しい読み方をおぼえる漢字
◆とくべつな読み方の言葉

1 漢字の読み 読みがなを書きましょう。

① ロケットのはっしゃ台。（　　）

2 漢字の書き 漢字を書きましょう。

① □（だい）の上にのる。

3 おもちゃのせつめい書を書くときに、大事《じ》なことは、何ですか。（　）に合う言葉《ば》を□からえらんで、書きましょう。

① （　　）をしめす書き方をつかう。

5 つぎの①～③の文のじゅんじょでせつめいするとき、じゅんじょがわかりやすくなるように、（　）に合う言葉を□からえらんで、書きましょう。

① （　　）、紙コップの口に、しるしをつけます。

② （　　）、わゴムを紙コップにとりつけます。

③ （　　）、つないだわゴムを、十字にひっかけます。

つぎに　まず　さいごに

かん字れんしゅうノート24ページ

② 作った時に気をつけたことや（　　　　　　）ことを、思い出して書く。

くふうした　　手がかり　　じゅんじょ

4 つぎの文のうち、文を読んでいる人によびかけているのは、どちらですか。——の言葉に気をつけて、一つに○をつけましょう。

ア（　）紙がはがれないように、のりではりつけましょう。

イ（　）しるしをつけたところに、はさみで切りこみを入れます。

ないようをつかもう！

☆ジャンプロケットを作ろう

「ジャンプロケットを作ろう」は、どんなことをせつめいした文章《しょう》ですか。（一つに○をつけましょう。）　教科書 70～76ページ

ア（　）おみせで売っているジャンプロケットは、どのように作られているのか。

イ（　）自分たちでジャンプロケットを作るときは、どのようにすればいいのか。

ウ（　）むかしの人は、どんなざいりょうでジャンプロケットを作っていたのか。

6 言葉《ば》のいみ　——のいみに合うほうに、○をつけましょう。

① 72ページ とび出すしかけを作る。

ア（　）くふうして作られた仕《し》組み。

イ（　）ていねいにかかれた絵。

② 73 切りこみを入れる。

ア（　）切れはし。

イ（　）切れめ。

③ 74 ロケットのはっしゃ台。

ア（　）うち出すこと。

イ（　）しまっておくこと。

④ 74 「のりしろ」をかきたす。

ア（　）のりをつけない部分。

イ（　）のりをつけるための部分。

ものしりメモ　ロケットは、エンジンでねんりょうをもやしてガスを作り、そのガスをうしろにふき出すことで、とんでいるんだよ。

れんしゅうのワーク

ジャンプロケットを作ろう

教科書 下70～83ページ
答え 14ページ

べんきょうした日 月 日

できるナビ
●せつめいされていることを正しく読みとろう。
●じゅんじょをしめす書き方に気をつけよう。

おわったらシールをはろう

文章《しょう》を読んで、答えましょう。

作り方

一 とび出すしかけを作る

まず、**しゃしん①**のように、紙コップの口に四かしょ、しるしをつけます。しるしとしるしの間を同じにするには、一かしょめのしるしをつけたら、二かしょめは、今つけたしるしのむかい合わせのいちにしるしをつけるとうまくいきます。そして、一かしょめと二かしょめのちょうど半分のいちに、のこり二つのしるしをつけます。

①

②
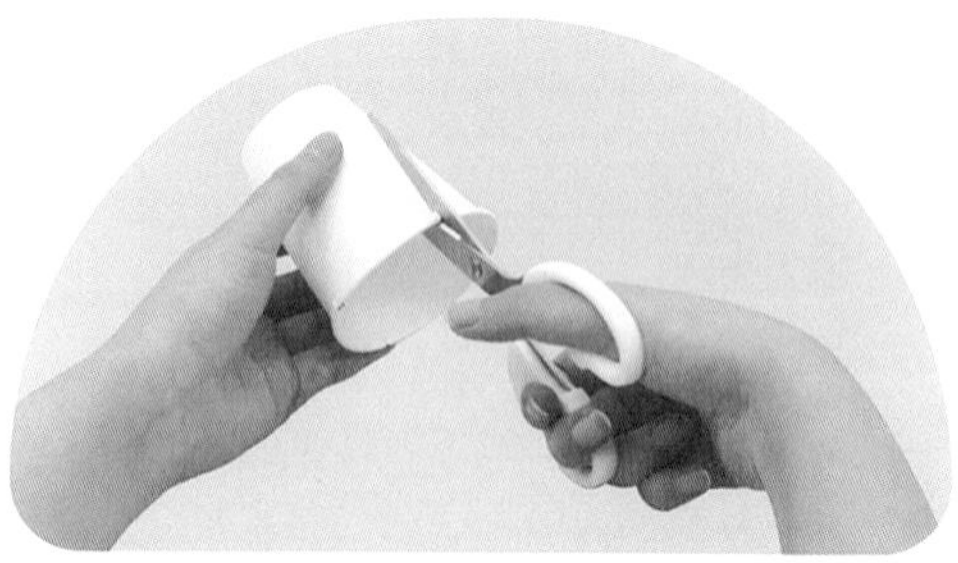

1 よく出る 「まず」、何をしますか。

紙コップの（　　　）に四かしょ、（　　　）をつける。

2 □は、どんなことがうまくいくやり方ですか。
（一つに○をつけましょう。）

ア（　）四かしょのしるしを、一度《ど》につけること。
イ（　）何ばんめにつけたしるしか、わかるようにすること。
ウ（　）しるしとしるしの間を同じにすること。

3 しるしをつけたら、何をしますか。

しるしをつけた四かしょすべてに、（　　　）で三ミリメートルほどの（　　　）を入れる。

ことばのいみプラス
10行 むかい合わせ…２つのものが、おたがいに正面《めん》をむいていること。

しるしをつけたら、**しゃしん**②のように、しるしをつけた四かしょすべてに、はさみで三ミリメートルほどの切りこみを入れます。

　つぎに、二本のわゴムをつなぎます。**しゃしん**③のように、二本のわゴムをかさねたら、かたほうのわゴムをくぐらせ、矢じるしの方向《こう》に引っぱります。すると、二本のわゴムはつながります。

　さいごに、わゴムを紙コップにとりつけます。つないだわゴムを、**しゃしん**④のように、切りこみに合わせ、十字にひっかけます。

　これで、とび出すしかけができあがりました。

③
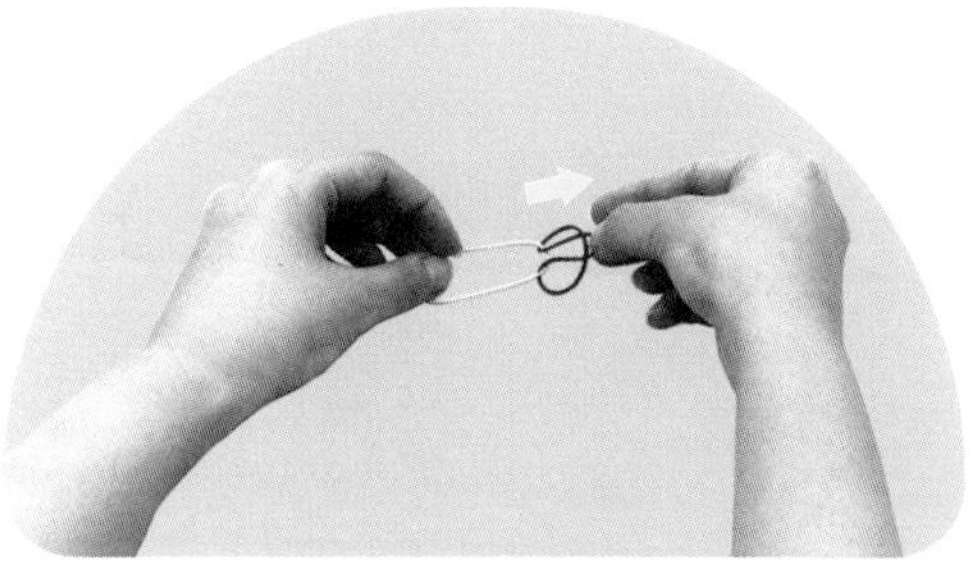

④
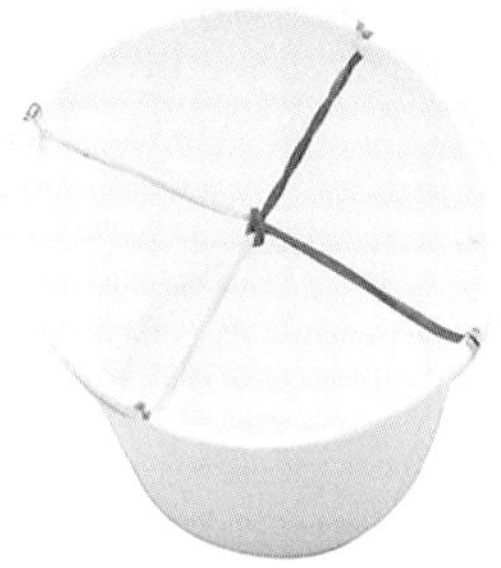

〈「ジャンプロケットを作ろう」による〉

4 「つぎに」、何をしますか。

（　　）本の（　　）をつなぐ。

5 どのようにすると、二本のわゴムがつながりますか。

二本のわゴムをかさねたら、かたほうのわゴムを（　　）、矢じるしの方向に（　　）。

しゃしんを見ながらたしかめると、わかりやすいね。

6 「さいごに」、つないだわゴムをどうしますか。

紙コップの（　　）に合わせ、（　　）にひっかけて、紙コップにとりつける。

ものしりメモ
サインペンは、太い字しか書けなかったペンを、細い字が書けるように作りかえたものなんだ。じゅうりょくのない、うちゅうでもつかわれたことがあるよ。

まとめのテスト

ジャンプロケットを作ろう

時間20分

とく点　/100点

おわったらシールをはろう

文章《しょう》を読んで、答えましょう。

二　ロケットとはっしゃ台を作る

まず、色紙にロケットのはねを二まいかきます。このとき、ちゅういすることが二つあります。はねは、紙コップの高さより大きくしないことと、**しゃしん**⑤のように、のりしろをかきたしておくことです。

のりしろを切らないように、はねをはさみで切りとったら、のりしろをおり、のりをつけて、紙コップにとりつけます。**しゃしん**⑥のように、わゴムをひっかけたいちに合わせる

⑤

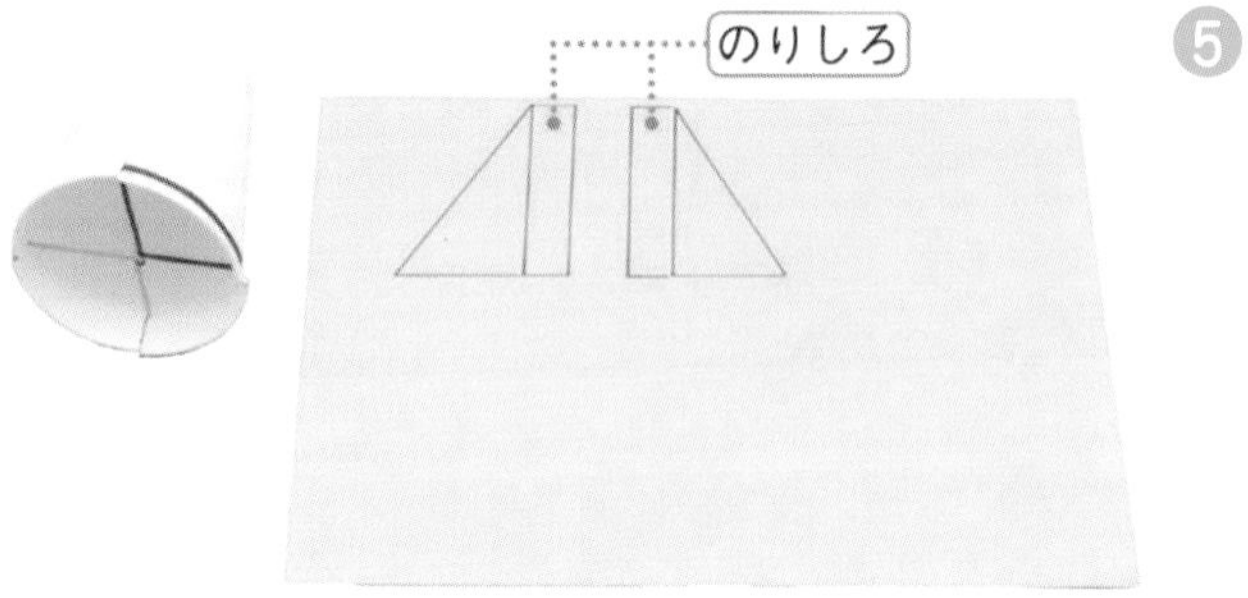

1 よく出る 「まず」「つぎに」「そして」とありますが、それぞれ何をしますか。　一つ10〔50点〕

●まず
色紙に（　　　　　）を（　　　　　）かく。

●つぎに
もう一まいの色紙で、（　　　　　）を作る。

●そして
ちょうどよい高さに（　　　　　）、セロハンテープで、紙コップの（　　　　　）にはりつける。

2 色紙にロケットのはねをかくとき、ちゅういすることは何ですか。　一つ10〔20点〕

と、同じはばではることができます。

つぎに、もう一まいの色紙で、ロケットの頭を作ります。**しゃしん**⑦のように、色紙を丸めてぼうしのようにとがった形にしたら、セロハンテープでとめます。

そして、ちょうどよい高さに切りそろえ、セロハンテープで紙コップのそこにはりつけます。

まどをかいたら、ロケットのできあがりです。

さいごに、もう一つの紙コップに、自分のすきな絵をかいて、せかいに一つしかないはっしゃ台を作れば、ジャンプロケットのかんせいです。**（しゃしん⑧）**

⑥

⑦

⑧

〈「ジャンプロケットを作ろう」による〉

●はねは、紙コップの高さより（　　　）こと。

●（　　　）をかきたしておくこと。

チャレンジ!

3 つぎのしゃしんは、⑥と⑦のどちらのしゃしんですか。ばんごうを書きましょう。 ぜんぶできて〔10点〕

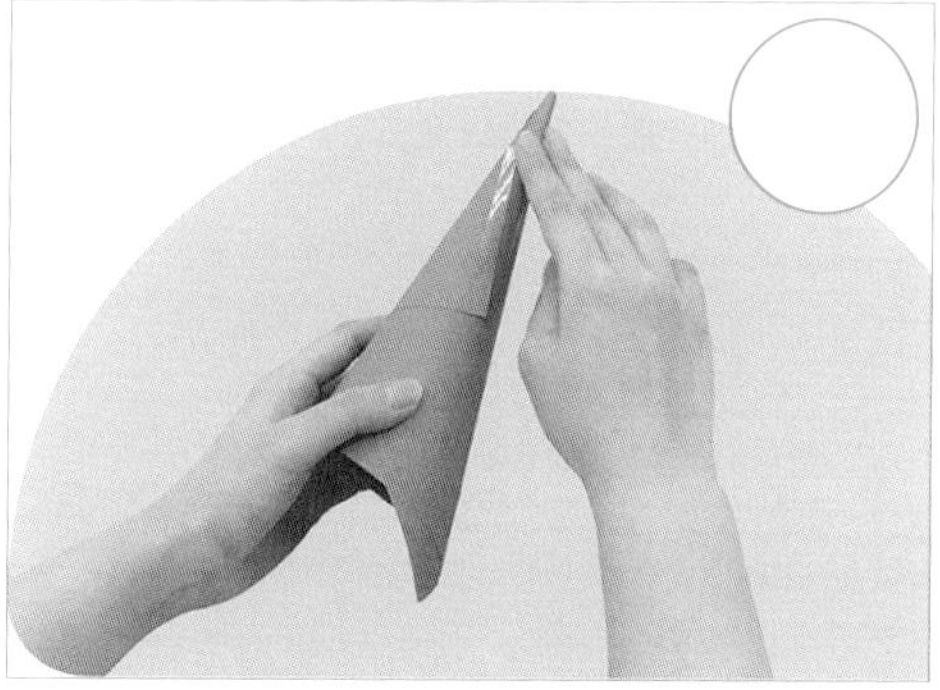

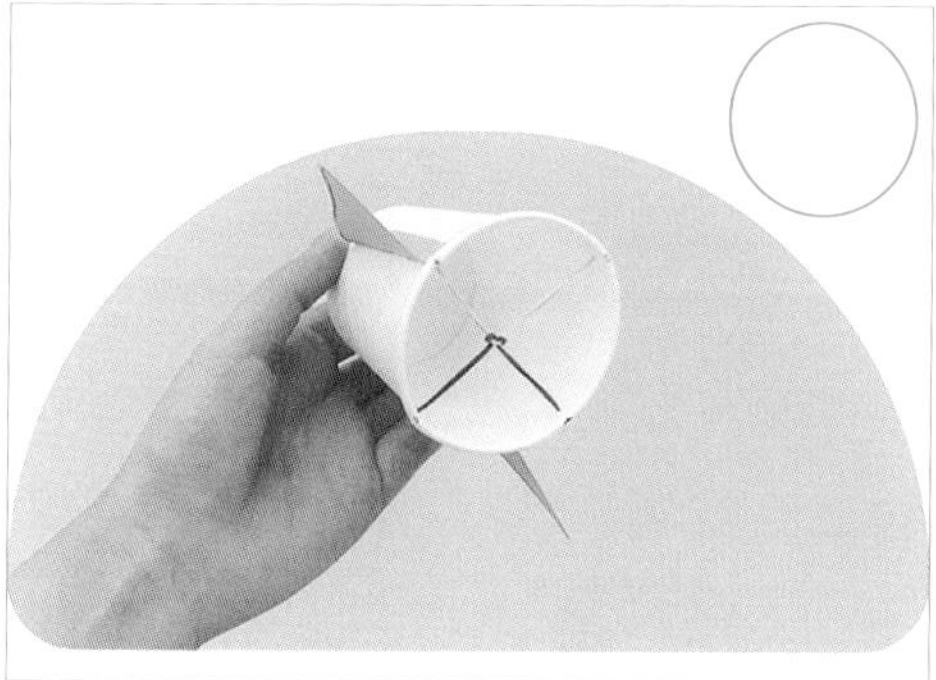

4 はっしゃ台は、どのように作りますか。 一つ10〔20点〕

もう一つの（　　　）に、

自分のすきな（　　　）をかいて作る。

ものしりメモ

紙などをくっつけるのりには、いろいろなしゅるいがあるよ。「でんぷんのり」は、お米やいも、とうもろこしなどを水でといて、にて作るんだ。

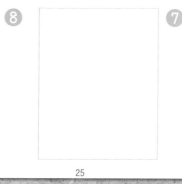

せかいじゅうの海が

教科書 ㊦84～86ページ
答え 15ページ

べんきょうした日　月　日

もくひょう
●しに書かれていることを読みとり、あじわおう。

おわったら シールを はろう

✿ しを読んで、答えましょう。

せかいじゅうの海が

マザーグースのうた
みずたに まさる やく

せかいじゅうの海が
一つの海になっちゃえば
どんなに大きな海だろな。

せかいじゅうの木が
一つの木になっちゃえば
どんなに大きな木だろな。

せかいじゅうのおのが
一つのおのになっちゃえば
どんなに大きなおのだろな。

1 よく出る 「どんなに大きな海だろな」とありますが、どうなったら大きな海になるだろうというのですか。

（　　　　）が
（　　　　）になったら。

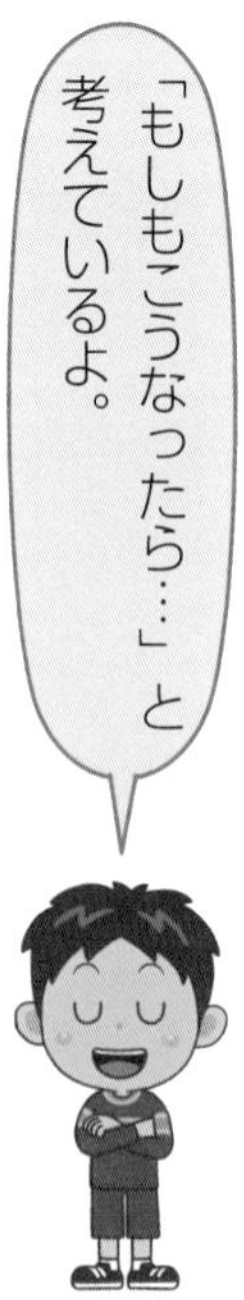

2 せかいじゅうのどんなものについて、そうぞうして書かれていますか。

●せかいじゅうの海
●（　　　　）
●（　　　　）
●（　　　　）

せかいじゅうの人が
ひとりの人になっちゃえば
どんなに大きな人だろな。

大きな人が
大きなおので
大きな木を切り
大きな海へ
ばたんずしんとたおしたら
どんなに大きな音だろな。

3 「どんなに大きな音だろな」とありますが、どうしたら大きな音になるだろうというのですか。

（　　　　）が
（　　　　）で
（　　　　）を切り
（　　　　）へ
（　　　　）たら。

いろいろな「大きな…」が かさなったら、どんなに大きな音が出るのかと そうぞうしているんだね。

4 このしについて、あてはまるものはどれですか。
（一つに○をつけましょう。）

ア（　）ていねいな言葉《ば》づかいで書かれている。
イ（　）大きなものと小さなものをくらべている。
ウ（　）同じような言葉をくりかえしている。

「せかいじゅうの…が」や、「どんなに大きな…だろな」という言葉が何度《ど》もつかわれているね。

ものしりメモ
せかいでいちばん広い海は「たいへいよう」というよ。「たいへいよう」の広さは、日本の土地の広さのおよそ437ばいもあるんだ。

きほんのワーク

かさこじぞう／言葉《ば》の文化《か》⑤
おはじきのあそび方

教科書 下88～109ページ
答え 15ページ

べんきょうした日 月 日

もくひょう
● 「かさこじぞう」のあらすじをつかみ、場面や人物の様子を読みとろう。

おわったらシールをはろう

かん字れんしゅうノート25～26ページ

新しい漢字《かん》
▲れんしゅうしましょう。

教科書ページ	漢字	読み	画数
89	買	バイ かう	12画
91	店	テン みせ	8画
92	原	ゲン はら	10画
92	来	ライ くる	7画
92	風	フウ かぜ かざ	9画
93	雪	セツ ゆき	11画
97	米	ベイ マイ こめ	6画
99	歌	カ うた うたう	14画
99	止	シ とまる	4画
104	池	チ いけ	6画
104	里	リ さと	7画
104	寺	ジ てら	6画
104	麦	むぎ	7画
107	京	キョウ	8画

ひつじゅん 1 2 3 4 5

1 漢字の読み 読みがなを書きましょう。

❶ ○店（　　）でやさいを○買（　　う）う。

❷ ○原（　　）っぱに○風（　　）がふく。

○新しく学ぶ漢字
●新しい読み方をおぼえる漢字
◆とくべつな読み方の言葉

3 言葉《ば》のいみ ——のいみに合うほうに、○をつけましょう。

③ 里（　　）山の麦（　　）畑《ばたけ》。

④ 東（　　）京都《と》にある寺（　　）。

2 漢字の書き

漢字を書きましょう。

① つめたい □《ゆき》。

② □《こめ》でもちをつくる。

③ 楽しく □《うた》う。

④ とけいが □《と》まる。

ないようをつかもう！

☆ かさこじぞう

「かさこじぞう」のあらすじをまとめます。じゅんばんになるように、1～4を書きましょう。

教科書 88～101ページ

---

① 89ページ ざしきを見回す。
ア（　）たたみをしいたへや。
イ（　）ひろいにわ。

② 92 とんぼりとんぼり町を出る。
ア（　）元気にいきおいよく。
イ（　）ゆっくりと元気なく。

③ 93 さぞつめたかろう。
ア（　）どうして。
イ（　）きっと。

④ 94 こらえてくだされ。
ア（　）楽しんで。
イ（　）がまんして。

⑤ 99 何やらおもいものを下ろす。
ア（　）見ためよりずっと。
イ（　）はっきりわからないが。

⑥ 99 雨戸をくる。
ア（　）うごかす。
イ（　）しめる。

ものしりメモ

お正月に食べる「おぞうに」は、ちいきによってちがいがあるよ。おもちの形が四角かったり丸かったり、しるの味も、しょうゆ味やみそ味など、さまざまなものがあるんだ。

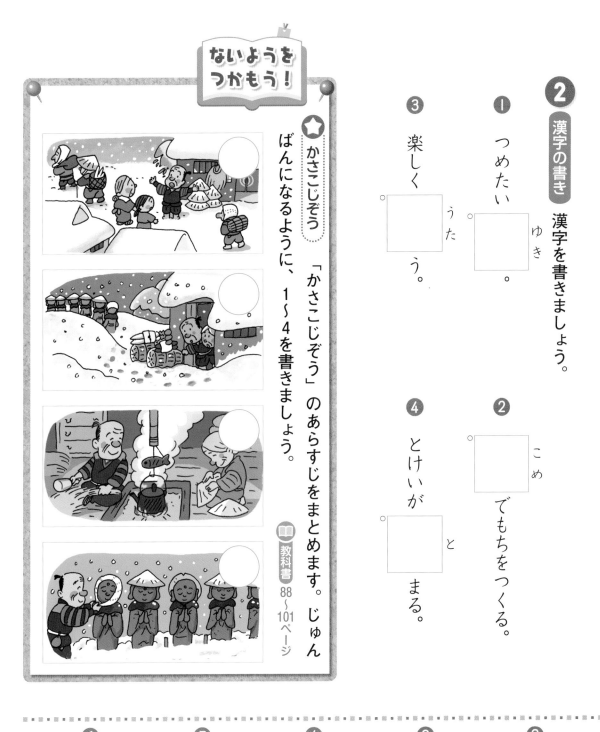

れんしゅうのワーク①

かさこじぞう

教科書　㊦88～109ページ
答え　16ページ

できるナビ
●場面の様子をくわしく読みとろう。
●じいさまとばあさまのやりとりをおさえよう。

べんきょうした日　月　日

おわったらシールをはろう

文章《しょう》を読んで、答えましょう。

　ある年の大みそか、じいさまは、ためいきをついて言いました。

「ああ、そのへんまでお正月さんがござらっしゃるというに、もちこのよういもできんのう。」

「ほんにのう。」

「なんぞ、売るもんでもあればええがのう。」

　じいさまは、ざしきを見回したけど、なんにもありません。

「ほんに、なんにもありゃせんのう。」

　ばあさまは、土間《どま》の方を見ました。すると、夏の間にかりとっておいたすげが、つんでありました。

「じいさま、じいさま、かさこさえて、町さ売りに行ったら、もちこ買えんかのう。」

「おお、おお、それがええ、そうしよう。」

1　じいさまがためいきをついたのは、いつですか。

ある年の（　　　　）。

2　「そのへんまでお正月さんがござらっしゃる」とありますが、どのようなことをあらわしていますか。

（一つに○をつけましょう。）

じいさまたちの言葉《ば》や様子《よう》にちゅうもくしよう！

ア（　）「正月」という名前の人が来るということ。
イ（　）もうすぐお正月がやってくるということ。
ウ（　）お正月のおいわいをしているということ。

3　土間の方には、何がつんでありましたか。

夏の間にかりとっておいた（　　　　）が、つんであった。

ことばのいみプラス
5行　ほんに…本当に。　11行　すげ…しめったところに生える、細長い葉《は》の草。
23行　大年の市…一年のおわりに、多くの人があつまって、ものを売り買いする場。

そこで、じいさまとばあさまは土間におり、ざんざら、すげをそろえました。そして、せっせとすげがさをあみました。

かさが五つできると、じいさまはそれをしょって、

「帰りには、もちこ買ってくるで。にんじん、ごんぼもしょってくるでのう。」

と言うて、出かけました。

町には大年《おおとし》の市《いち》が立っていて、正月買《が》いもんの人で大にぎわいでした。

うすやきねを売る店もあれば、山からまつを切ってきて、売っている人もいました。

「ええ、まつはいらんか。おかざりのまつはいらんか。」

じいさまも、声をはり上げました。

「ええ、かさや、かさやあ。かさこは、いらんか。」

けれども、だれもふりむいてくれません。

〈いわさき きょうこ「かさこじぞう」による〉

4 よく出る 「それがええ、そうしよう」とありますが、じいさまたちは何をしようとしていますか。

（　　　　）をこさえて、町に（　　　　）に行こうとしている。

5 じいさまは町に出かけるとき、どう思っていましたか。（一つに○をつけましょう。）

ア（　）かさを売って、お正月のよういをするぞ。

イ（　）かさなんて、だれも買ってくれないだろう。

ウ（　）かさが売れたら、町でおもちを食べよう。

6 よく出る 町に行くと、町はどんな様子でしたか。

大年の市が立ち、（　　　　）の人で、（　　　　）だった。

7 じいさまが声をはり上げてかさを売っているとき、まわりの人たちはどんな様子でしたか。

かさを売っているじいさまの言葉のあとにちゅうもくしよう。

（　　　　）くれなかった。

ものしりメモ

「大みそか」の「みそか」は、月のさいごの日のことだよ。12月31日は一年のさいごの「みそか」だから、「大みそか」というんだよ。

れんしゅうのワーク②

かさこじぞう

教科書 下88～109ページ
答え 16ページ

できるナビ
●じいさまが、じぞうさまにしたことをつかもう。
●じいさまの人がらを読みとろう。

べんきょうした日　月　日

おわったらシールをはろう

文章《しょう》を読んで、答えましょう。

じいさまは、とんぼりとんぼり町を出て、村のはずれの野っ原まで来ました。

風が出てきて、ひどいふぶきになりました。

ふと顔を上げると、道ばたに、じぞうさまが六人立っていました。

おどうはなし、木のかげもなし、ふきっさらしの野っ原なもんで、じぞうさまは、かたがわだけ雪にうもれているのでした。

「おお、お気のどくにな。さぞつめたかろうのう。」

じいさまは、じぞうさまのおつむの雪をかきおとしました。

「こっちのじぞうさまは、ほおべたにしみをこさえて。それから、このじぞうさまはどうじゃ。はなからつららを下げてござらっしゃる。」

じいさまは、ぬれてつめたいじぞうさまの、か

1　じいさまは、どんな様子《よう》で町を出ましたか。

（　　　　　）

がっかりしている様子がわかる言葉《ば》をさがそう。

2　よく出る　じぞうさまは、何人で、どこに立っていましたか。

何人　（　　）人

どこに　道ばたの、おどうや木のかげもない、（　　　）の野っ原。

3　じぞうさまは、どんな様子で立っていましたか。
（一つに○をつけましょう。）

ア（　）ひびが入ってこわれそうだった。
イ（　）うれしそうににっこりわらっていた。
ウ（　）かたがわだけ雪にうもれていた。

ことばのいみプラス
6行　ふきっさらし…さえぎるものがなく、風が当たるままになっていること。
10行　おつむ…頭。　31行　しまいの…終わりの。さいごの。

たやらせなやらをなでました。

「そうじゃ。このかさこをかぶってくだされ。」

じいさまは、売りもののかさをじぞうさまにかぶせると、風でとばぬよう、しっかりあごのところでむすんであげました。

ところが、じぞうさまの数は六人、かさこは五つ。

「おらのでわりいが、どうしても足りません。こらえてくだされ。」

じいさまは、自分のつぎはぎの手ぬぐいをとると、いちばんしまいのじぞうさまにかぶせました。

「これでええ、これでええ。」

そこで、やっと安《あん》心して、うちに帰りました。

〈いわさき きょうこ「かさこじぞう」による〉

4 よく出る じいさまは、じぞうさまに、どんなことをしてあげましたか。三つ書きましょう。

お話のじゅんばんどおりに書いていこう。

- （　　　　）をかきおとした。
- （　　　　）をなでた。
- 売りものの（　　　　）をかぶせた。

5 「かさこは五つ。どうしても足りません」とありますが、じいさまは、いちばんしまいのじぞうさまには、どうしましたか。

（　　　　）をかぶせた。

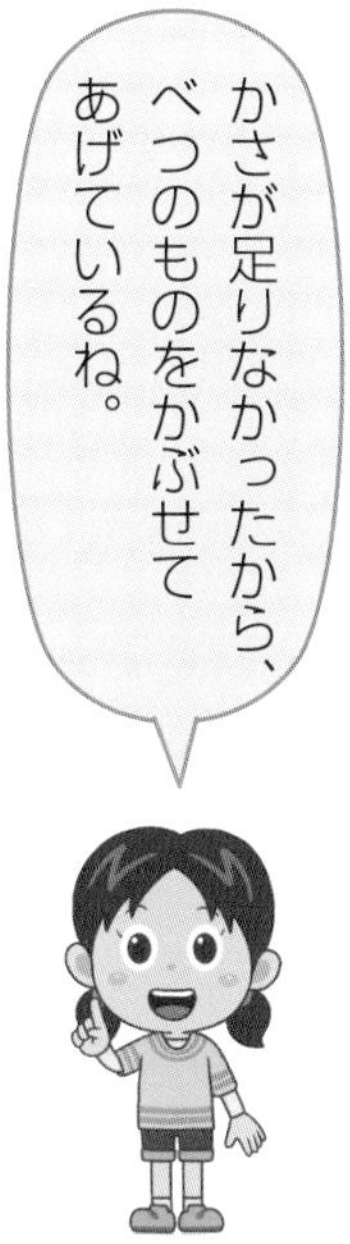
かさが足りなかったから、べつのものをかぶせてあげているね。

書いてみよう!

6 じいさまは、どんな人だと思いますか。考えて書きましょう。

（　　　　）人。

ものしりメモ

「すげ」で作ったかさは、みんながつかうような、手にもってさす雨《あま》がさとちがって、ぼうしのように、頭にかぶってつかうんだよ。

きほんのワーク

言葉《ば》の広場⑤ 主語《しゅ》とじゅつ語
漢字《かん》の広場⑤ 同じ読み方の漢字

教科書 下110～113ページ

答え 17ページ

べんきょうした日 月 日

もくひょう
●主語とじゅつ語が、どういうものなのかをおさえよう。
●同じ読み方の漢字を学ぼう。

おわったら シールを はろう

かん字れんしゅうノート27ページ

新しい漢字《かん》

教科書 111ページ

◀れんしゅうしましょう。

ひつじゅん 1 2 3 4 5

番 バン 12画
一 ⺍ 平 釆 番 番 番

111
雲 ウン くも 12画
一 二 干 雨 雫 雲 雲

1 漢字の読み 読みがなを書きましょう。

① 当番（　）の人。

② 雲（　）がうかぶ。

○新しく学ぶ漢字
●新しい読み方をおぼえる漢字
◆とくべつな読み方の言葉

2 漢字の書き 漢字を書きましょう。

① そうじ □□（とうばん）。

② 白い □（くも）。

3 ☆ 言葉《ば》の広場⑤ 主語《じゅ》とじゅつ語

つぎの文の主語には――を、じゅつ語には～～を引きましょう。

れい 友だちが 作文を 読む。

① 弟は とても 元気だ。

② ねこが 毛糸で あそぶ。

③ 広い 野原に 風が ふいた。

④ もうすぐ 音楽会が はじまる。

⑤ きのう お父さんも いっしょに 出かけた。

4 つぎの文の〰〰のじゅつ語は、何をあらわしていますか。[ ]からえらんで、記号《ごう》で答えましょう。

① （　　）あしたは　日曜日だ。

② （　　）犬が　ほえる。

③ （　　）夕日が　きれいだ。

[ア どうする　イ どんなだ　ウ なんだ]

「大きい」や「しずかだ」などの様《よう》子をあらわす言葉が、「どんなだ」にあたるよ。

5 ☆ 漢《かん》字の広場⑤　同じ読み方の漢字

つぎの□に合う漢字を[ ]からえらんで、書きましょう。

① □ぞくとしゃしんをとる。

[科　家　歌]

② □作のえいがを見る。

[心　森　新]

6 つぎの□には、同じ読み方の漢字が入ります。合う漢字を書きましょう。

① き

天□がよい日に、□色いいちょうのなみ□道を歩く。

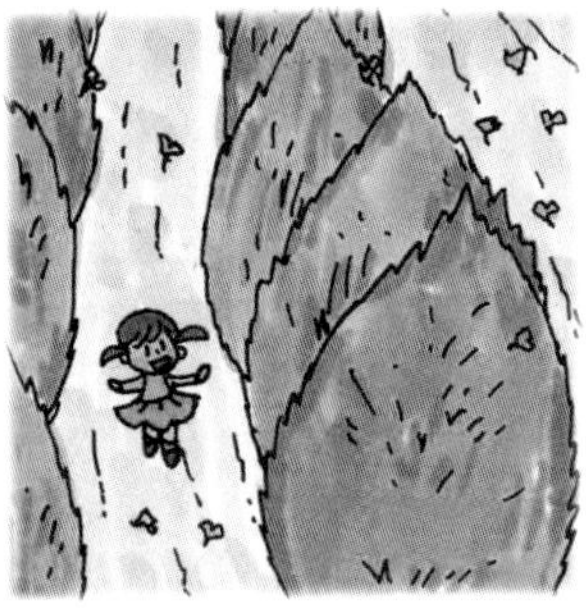

② かい

□社の人たちと、□外りょこうで、□のりょうりを、二□食べた。

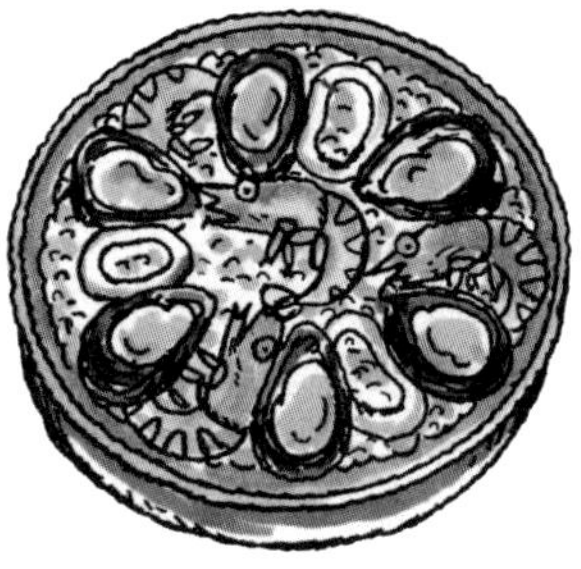

漢字のいみを考えてあてはめよう。

ものしりメモ 日本語では、主《しゅ》語がなくてもいみが通じる文があるけれど、英《えい》語などでは、文から主語がなくなることはほとんどないとされているよ。

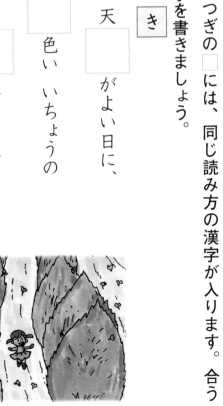

まとめのテスト

かさこじぞう
言葉《ば》の広場⑤　主《しゅ》語とじゅつ語

教科書　㊦88〜113ページ
答え　17ページ
時間20分
とく点　/100点
おわったらシールをはろう
べんきょうした日　月　日

1　文章《しょう》を読んで、答えましょう。

じいさまは、とちゅうまで来ると、じぞうさまが雪にうもれていた話をして、

「それでおら、かさこかぶせてきた。」

と言いました。

すると、ばあさまはいやな顔ひとつしないで、

「おお、それはええことをしなすった。じぞうさまも、この雪じゃさぞつめたかろうもん。さあさあ、じいさま、いろりに来てあたってくだされ。」

じいさまは、いろりの上にかぶさるようにして、ひえた体をあたためました。

「やれやれ、とうとう、もちこなしの年こした。そんならひとつ、もちつきのまねごとでもしようかのう。」

じいさまは、

米のもちこ

←

1　「それでおら、かさこかぶせてきた。」について、答えましょう。

(1)　じいさまがかさこをかぶせてきたのは、何がどうしていたからですか。　一つ10〔20点〕

（何　　　）が（どうしていた　　　）から。

チャレンジ!

(2)　よく出る　それを聞いたばあさまは、どうしましたか。（一つに○をつけましょう。）〔10点〕

ア（　）お正月のよういができないとかなしんだ。

イ（　）いやな顔をしないで、じいさまをほめた。

ウ（　）かさがもったいないと言って、おこった。

2　「もちつきのまねごと」とありますが、じいさまとばあさまは、どのようにもちつきのまねをしましたか。　一つ10〔40点〕

←

ことばのいみプラス
3行　かぶせる…上からものをのせる。　12行　まねごと…まねてすること。
31行　長者…大金《おおがね》もちのこと。　31行　わかいしゅ…わかい人のこと。

ひとうすばったら
と、いろりのふちをたたきました。
　すると、ばあさまも、ほほとわらって、
　あわのもちこ
　ひとうすばったら
と、あいどりのまねをしました。
　それから二人は、つけなかみかみ、おゆをのんでやすみました。
　すると真《ま》夜中ごろ、雪の中を、
　じょいやさ　じょいやさ
と、そりを引くかけ声がしてきました。
「ばあさま、今ごろだれじゃろ。長者《じゃ》どんのわかいしゅが、正月買《が》いもんをしのこして、今ごろ引いてきたんじゃろうか。」
　ところが、そりを引くかけ声は、長者どんのやしきの方には行かず、こっちに近づいてきました。

〈いわさき　きょうこ「かさこじぞう」による〉

じいさま

（　　　　）ひとうすばったら

と言って、（　　　　）をたたいた。

ばあさま

（　　　　）ひとうすばったら

と言って、（　　　　）をした。

3 よく出る● じいさまとばあさまが食べたりのんだりしたものを、二つ書きましょう。　一つ5〔10点〕

（　　　　）

（　　　　）

2 **つぎの文の主語《しゅ》には——を、じゅつ語には～～を引きましょう。**　一つ5〔20点〕

れい　妹が　おかしを　食べる。

① 電車が　つぎの　えきに　とまる。

② わたしは　クラスで　生きものの　かかりだ。

ものしりメモ　いろりは、家のゆかを四角く切って、はいをしきつめたところだよ。まきなどをもやして、へやをあたためたり、りょうりをしたり、へやの明《あ》かりとしてつかったりもしたんだ。

きほんのワーク

こんなことができるようになったよ

教科書　下114～119ページ
答え　17ページ

べんきょうした日　月　日

もくひょう
●じゅんじょに気をつけて、文章《しょう》を書こう。
●文章を見直すときに気をつけることを、たしかめよう。

おわったらシールをはろう

かん字れんしゅうノート27ページ

新しい漢字《かん》

◀れんしゅうしましょう。　ひつじゅん　1　2　3　4　5

教科書115ページ
走　ソウ　はしる　7画
一 十 土 十 キ 丰 走

116
直　チョク　ジキ　ただちに　なおす　8画
一 十 ナ 冇 冇 盲 直 直

119
用　ヨウ　もちいる　5画
丿 冂 月 月 用

○新しく学ぶ漢字
●新しい読み方をおぼえる漢字
◆とくべつな読み方の言葉

1　漢字の読み　読みがなを書きましょう。

① 風とぎゃくに走る。（　　　る）
② 文章《しょう》を直す。（　　　す）
③ げんこう用紙のつかい方。（　　　）

2　漢字の書き　漢字を書きましょう。

① 馬が［はし］る。
② きかいを［なお］す。
③ げんこう［ようし］に書く。

3　――の文を、げんこう用紙に正しく書きうつしましょう。

わたしは、一りん車にのれるようになりました。お姉ちゃんに教えてもらいながら、少しずつれんしゅうしました。

4 文章を読んで、答えましょう。

がんばったたこあげ

かみや ひとみ

❶わたしわ、生活科の時間に、たこをあげることができるようになりました。

❷わたしが作たたこは、青くて、四角い形です。そこには、かっている犬のラッキーの絵をかきました。家に帰ってからお姉ちゃんに見せたら、

「ラッキーの絵がかわいいね。高くあげられるといいね。」

と言われたので、あげるのが楽しみに❸なった。

たこあげ本番の日。わたしは、ちゃんとあがるかどきどきしていました。風がふいたしゅんかんに走ったけれど、すぐにじめんについてしまいました。「どうしてかな。」

と言ったら、近くにいたかわいさんが、

「風とぎゃくに走るといいよ。」

と教えてくれました。

〈「こんなことができるようになったよ」による〉

1 ――❶～❸を正しく書き直しましょう。

❶ わたしわ （　　　　）

❷ 作た （　　　　）

❸ なった （　　　　）

2 「たこあげ本番の日」にかんじたことをどのように書いていますか。

ちゃんとあがるか（　　　　）。

3 「どうしてかな。」を書き直すとき、どのように書き直すといいですか。（一つに○をつけましょう。）

ア（　）丸（。）を点（、）にする。

イ（　）行をかえて書く。

ウ（　）丸（。）をかぎ（」）の外に出す。

ものしりメモ
100年ほど前まで、日本の西の方のちいきでは、空にあげる「たこ」のことを「いか」とよんでいたそうだよ。また、せかいの国では、空をとぶどうぶつの名前でよばれることが多いんだ。

きほんのワーク

言葉《ば》の広場⑥　音や様子《よう》をあらわす言葉
漢《かん》字の広場⑥　組み合わせてできている漢字　ほか

教科書　下120〜124ページ
答え　18ページ

もくひょう
●音や様子をあらわす言葉がどのようなものかを、おさえよう。
●部《ぶ》分を組み合わせて、漢字をつくろう。

べんきょうした日　月　日

おわったらシールをはろう

新しい漢《かん》字

◀れんしゅうしましょう。

教科書120ページ
鳴　メイ　なく　なる　14画
ひつじゅん：口 口' 口' 口' 口' 鳴 鳴

122
明　メイ・ミョウ　あかり　あかるい　あきらか　あける　8画
ひつじゅん：丨 冂 月 日 明 明 明

122
刀　トウ　かたな　2画
ひつじゅん：フ 刀

ひつじゅん　1　2　3　4　5

かん字れんしゅうノート27〜28ページ

1 漢字の読み　読みがなを書きましょう。

○新しく学ぶ漢字
●新しい読み方をおぼえる漢字
◆とくべつな読み方の言葉

① ねこが○鳴く。（　　く）
② まどが●鳴る。（　　る）
③ はつ○明する。（　　）
④ おもちゃの○刀。（　　）

2 漢字の書き　漢字を書きましょう。

① 犬が○□《な》く。
② せつ○□《めい》する。
③ 古い○□《かたな》。

3 一年生の漢字　漢字を書きましょう。

① きれいな□□《ゆうひ》。
② □《あか》い□《はな》。

4 ☆ 言葉《ば》の広場⑥　音や様子《よう》をあらわす言葉

つぎのうち、音をあらわす言葉にはア、様子をあらわす言葉にはイを、（　）に書きましょう。

① ちょうがひらひらとぶ。（　）
② 紙をビリビリやぶく。（　）
③ 草がぐんぐんのびる。（　）
④ くつの音がコツコツとひびく。（　）

5 （　）に合う、音や様子をあらわす言葉を□からえらんで、書きましょう。

① とけいが（　　）鳴る。

② ふとんが（　　）している。

③ コップが（　　）とわれた。

ふわふわ　ガシャン　カチカチ

6 つぎの■の言葉は、何をするときの音や様子をあらわす言葉ですか。（　）に書きましょう。

①

もぐもぐ　ぱくぱく　むしゃむしゃ　パリパリ

（　　）　（　　）

②

クスクス　ゲラゲラ　にこにこ　にやにや

（　　）　（　　）

---

7 ☆ 漢字《かん》の広場⑥　組み合わせてできている漢字

れいにならって、漢字と漢字を組み合わせましょう。

れい　竹＋合　→　答

①　木＋交　□

②　立＋日　□

③　言＋五＋口　□

8 同じ部分《ぶ》をもつ漢字を、□に書きましょう。

①　日

月□ようび日　／　□あかるい　／　□じ間

②　辶

書□どう　／　□えん足　／　交□つう

ものしりメモ　どうぶつの鳴き声のあらわし方は、国や言葉《ば》によってちがいがあるよ。たとえば犬の鳴き声は、日本語では「ワンワン」、英《えい》語では「バウワウ」、フランス語では「ウワウワ」というんだ。

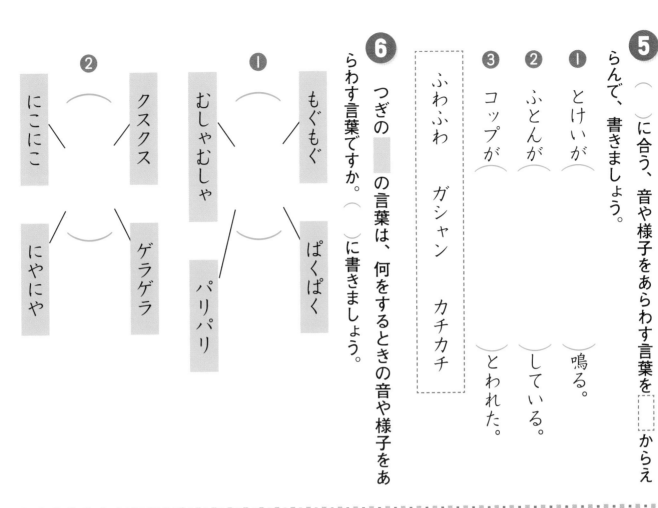

きほんのワーク

アレクサンダとぜんまいねずみ

教科書 ㊦126〜143ページ

答え 18ページ

べんきょうした日　月　日

もくひょう
●場面《めん》の様子《よう》や登場《とう》人物《ぶつ》の行動《どう》に気をつけて、あらすじをつかもう。
●場面ごとに、アレクサンダの気持《も》ちをとらえよう。

おわったらシールをはろう

新しい漢字《かん》

◀れんしゅうしましょう。　ひつじゅん 1 2 3 4 5

教科書132ページ
午 ゴ 4画（ノ　𠂉　二　午）

142
黒 コク くろ くろい 11画（丨　冂　日　甲　里　里　黒　黒）

○新しく学ぶ漢字
●新しい読み方をおぼえる漢字
◆とくべつな読み方の言葉

1 漢字の読み　読みがなを書きましょう。

1 その日の午後。（　）

2 白と黒。（　）

2 漢字の書き　漢字を書きましょう。

1 □□（ご ご）のおやつ。

2 まっ□（くろ）な雲。

かん字れんしゅうノート28ページ

3 言葉《ば》のいみ　——のいみに合うほうに、○をつけましょう。

1 126ページ 四方八方にとびちる。
ア（　）あちらこちらに。
イ（　）上の方に。

2 128 ちやほやしてくれる。
ア（　）どなったり、しかったりして。
イ（　）ほめたり、あまやかしたりして。

3 130 ウイリーをうらやんだ。
ア（　）相手《あい》のようになりたいと思った。
イ（　）相手のことをきらいになった。

ないようを つかもう！

アレクサンダとぜんまいねずみ

教科書を読んで、答えましょう。 教科書 126～139ページ

1 せつめいに合う登場《とう》人物《ぶつ》を下からえらんで・――・でむすびましょう。

① アニーのお気に入りで、みんなにちやほやされている。 ・　　・ア ねずみのアレクサンダ

② 人間に見つかると、ほうきでおいかけられてしまう。 ・　　・イ ぜんまいねずみのウイリー

2 「アレクサンダとぜんまいねずみ」のあらすじをまとめます。じゅんばんになるように、1～4を書きましょう。

---

4 131 ためいきをついた。

ア（　）おどろいたりよろこんだりして、思いきり出すいき。

イ（　）こまったり、がっかりしたりして、思わず出るいき。

5 131 ひみつめかしてささやく。

ア（　）ひみつらしくして。

イ（　）ひみつをかくさないで。

6 135 なかんばかりだ。

ア（　）なきそうにもない。

イ（　）今にもなきそう。

7 138 目もくらむような光。

ア（　）まぶしくて見えなくなる。

イ（　）目の前がくらくなる。

8 138 しずまりかえる。

ア（　）すっかりしずかになる。

イ（　）少しだけしずかになる。

ものしりメモ

「アレクサンダとぜんまいねずみ」の作者《しゃ》、レオ＝レオニさんは、オランダ生まれの絵本作家で、ほかにも「スイミー」や「フレデリック」などのお話を書いているよ。

れんしゅうのワーク

アレクサンダとぜんまいねずみ

教科書　㊦126〜143ページ

答え　18ページ

べんきょうした日　月　日

できるナビ
●アレクサンダとウイリーのちがいをおさえよう。
●二ひきの行動《どう》や気持《も》ちを読みとろう。

おわったらシールをはろう

文章《しょう》を読んで、答えましょう。

「きみ、だれ？」

アレクサンダは、きいた。

「ぼく、ウイリー。ぜんまいねずみ。アニーのお気に入りのおもちゃさ。ぜんまいをまくと、ぐるぐる走るんだ。みんなちやほやしてくれる。夜になると、白いまくらをして、人形とぬいぐるみのくまの間で、ぼくねむるんだ。みんな、ぼくをかわいがってくれるよ。」

「ぼくは、あんまり大事《じ》にされない。」

アレクサンダは、かなしそうに言った。でも、友だちが見つかってうれしかった。

「台所《どころ》へ行って、パンくずをさがそうよ。」

「ぼく、だめなんだ。」

ウイリーは言った。

「ねじをまいてもらった時しかうごけない。でも、

1 よく出る　ウイリーは、どんなねずみですか。

アニーの（　　　　）の、
おもちゃの（　　　　）ねずみ。

2 アレクサンダは、ウイリーの話を聞いてどう思いましたか。（一つに○をつけましょう。）

ア（　）自由《ゆう》にうごけないウイリーはかわいそうだけど、自分はねずみでよかった。

イ（　）自分はあんまり大事にされなくてかなしいけど、友だちが見つかってうれしい。

ウ（　）じまんばかりするウイリーには、はらが立つので、もう会いたくない。

3 「ぼく、だめなんだ。」とありますが、ウイリーはなぜ台所に行けないのですか。

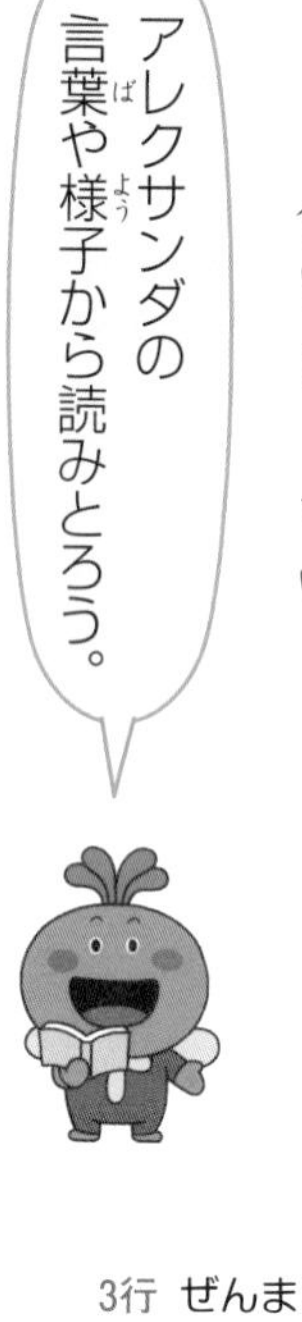
アレクサンダの言葉《ば》や様子《よう》から読みとろう。

ことばのいみプラス
3行　ぜんまい…うずまきのようにまいたばね。元にもどろうとする力で、ものをうごかす。
19行　ねずみとり…ねずみをつかまえるためのわな。

「いいさ。みんな、ぼくをかわいがってくれる。」

アレクサンダも、ウイリーが大すきになった。かれは、すきをみてはウイリーをたずね、ほうきや、空とぶおさらや、ねずみとりとのぼうけんを話して聞かせた。

ウイリーは、ペンギンやぬいぐるみのくま、そして、おもにアニーの話をした。二ひきの友だちは、何時間も楽しい時をすごした。

けれど、かくれ家のくらやみの中でひとりぼっちの時、アレクサンダはウイリーをうらやんだ。

「ああ！」

と、かれはためいきをついた。

「ぼくも、ウイリーみたいなぜんまいねずみになって、みんなにちやほやかわいがられてみたいなあ。」

〈レオ＝レオニ／たにかわ しゅんたろう やく「アレクサンダとぜんまいねずみ」による〉

（　　）時しか

（　　）から。

4 「でも、いいさ。」とウイリーが言ったのは、なぜですか。

みんな、

（　　）から。

5 アレクサンダが、すきをみてはウイリーをたずねたのは、なぜですか。合わないもの一つに○をつけましょう。

ア（　）ウイリーのことが大すきになったから。

イ（　）ウイリーといるとアニーとあそべるから。

ウ（　）ウイリーと話をするのが楽しかったから。

6 「アレクサンダはウイリーをうらやんだ」とありますが、アレクサンダはどうなりたいと思いましたか。

ウイリーみたいなぜんまいねずみになって、

（　　）

みたい。

ものしりメモ ぜんまいのばねは、今から600年ほど前にヨーロッパで作られたと言われているよ。とけいや、じどうでうごく人形などにつかわれていたんだ。

まとめのテスト

アレクサンダとぜんまいねずみ

教科書 下 126〜143ページ
答え 19ページ
べんきょうした日 月 日
時間 20分
とく点 /100点
おわったらシールをはろう

1 文章《しょう》を読んで、答えましょう。

ウイリーは、かなしい話をした。

アニーのたんじょう日に、パーティーがあって、みんながプレゼントをもってきた。

「明くる日、」

ウイリーは、ためいきまじりに言った。

「古いおもちゃが、たくさんこのはこにすてられたんだ。ぼくらは、みんなごみばこ行きさ。」

アレクサンダは、なかんばかり。

「かわいそうに、かわいそうなウイリー！」

かれは思った。

するとその時、何かが、とつぜん目に入った。ゆめじゃないかな……？　いや、本当だ！　むらさきの小石だ。

むねをどきどきさせて、大事《じ》な小石をしっかりうでにだき、かれは、にわへと走り出た。まんげ

1 ウイリーは、どんなかなしい話をしましたか。 一つ5〔10点〕

アニーのたんじょう日に、みんなが（　　）をもってきて、その明くる日、古いおもちゃが、たくさんはこに（　　）という話。

2 よく出る ウイリーの話を聞いて、アレクサンダはどんな気持《も》ちになりましたか。（一つに○をつけましょう。）〔10点〕

ア（　）ぼくもパーティーに行きたかった。
イ（　）アニーといっしょにあそびたい。
ウ（　）ウイリーがかわいそうだ。

ウイリーは、ほかの古いおもちゃといっしょにすてられてしまうかもしれないんだね。

3 「何かが、とつぜん目に入った」とありますが、アレクサンダは何を見つけましたか。〔10点〕

ことばのいみ プラス
4行 明くる日…つぎの日。 15行 まんげつ…まん丸の月。
21行 月はみちた…月がまんげつになった。

（　　　　　　　）


つだった。いきをきらして、アレクサンダは、きいちごのしげみのそばで立ち止まった。

「しげみの中のとかげよ、とかげ。」

大いそぎで、かれはよんだ。

はっぱがかさがさ鳴って、とかげがあらわれた。

「月はみちた。小石は見つかった。」

とかげは言った。

「おまえは、だれに、それとも、何になりたいの？」

「ぼくは……」

アレクサンダは、言いかけてやめた。そして、とつぜん言った。

「とかげよ、とかげ。ウイリーを、ぼくみたいなねずみにかえてくれる？」

〈レオ＝レオニ／たにかわ しゅんたろう やく「アレクサンダとぜんまいねずみ」による〉

4 大事な小石をしっかりうでにだいて、アレクサンダはどうしましたか。 一つ5〔10点〕

にわへと走り出て、
きいちごの（　　　）で立ち止まり、
大いそぎで、（　　　）をよんだ。

チャレンジ！

5 「アレクサンダは、言いかけてやめた。」とありますが、何を言いかけたのですか。 〔10点〕

ア（　）ぼくは、人間になりたい。
イ（　）ぼくは、ぜんまいねずみになりたい。
ウ（　）ぼくは、まほうのとかげになりたい。

6 アレクサンダは、まほうのとかげに、どんなおねがいをしましたか。 一つ5〔10点〕

「とかげよ、とかげ。
（　　　）を、
（　　　）に
かえてくれる？」

ものしりメモ

ねずみの前歯《まえば》は一生のびつづけるんだよ。歯が長くなりすぎないように、ときどきかたいものをかじって歯をけずるんだって。

2 文章《しょう》を読んで、答えましょう。

アレクサンダは、走れるかぎりのはやさで、うちへかけもどった。

はこはあったけど、ああ、もうからっぽだった。

「おそかった。」

かれは思った。おもい心で、かれは、かべの下のあなへもどりかけた。

何か音がする！　用心深《ぶか》く、アレクサンダはあなへ近づいた。中に、一ぴきのねずみがいた。

「きみ、だれ？」

アレクサンダは、こわごわ言った。

「ぼく、ウイリーだよ。」

ねずみは言った。

「ウイリー！」

アレクサンダはさけんだ。

「とかげは……、とかげは、ほんとにやってくれた！」

かれはウイリーをだきしめ、二ひきはにわの小道へ走り出た。

そしてそこで、夜明けまでおどりつづけた。

〈レオ＝レオニ／たにかわ しゅんたろう やく「アレクサンダとぜんまいねずみ」による〉

1 よく出る　アレクサンダがおもい心になったのは、なぜですか。（一つに○をつけましょう。）〔10点〕

ア（　）ウイリーが、いなくなっていたから。

イ（　）まほうのとかげに会えなかったから。

ウ（　）ぜんまいねずみになれなかったから。

2 「何か音がする！」とありますが、あなの中には何がいましたか。〔10点〕

（　　　　）

チャレンジ！

3 「とかげは……、とかげは、ほんとにやってくれた！」とありますが、とかげはどんなことをやってくれたのですか。一つ5〔10点〕

（　　　　）を、（　　　　）にかえること。

書いてみよう！

4 夜明けまでおどりつづけたアレクサンダとウイリーは、どんな気持《も》ちでしたか。考えて書きましょう。〔10点〕

（　　　　）気持ち。

ことばのいみ プラス

7行 用心深《ぶか》い…よくちゅういしている様《よう》子。

10行 こわごわ…びくびくとこわがりながらものごとをする様子。